essentials

essentials liefern aktuelles Wissen in konzentrierter Form. Die Essenz dessen, worauf es als „State-of-the-Art" in der gegenwärtigen Fachdiskussion oder in der Praxis ankommt. *essentials* informieren schnell, unkompliziert und verständlich

- als Einführung in ein aktuelles Thema aus Ihrem Fachgebiet
- als Einstieg in ein für Sie noch unbekanntes Themenfeld
- als Einblick, um zum Thema mitreden zu können

Die Bücher in elektronischer und gedruckter Form bringen das Expertenwissen von Springer-Fachautoren kompakt zur Darstellung. Sie sind besonders für die Nutzung als eBook auf Tablet-PCs, eBook-Readern und Smartphones geeignet. *essentials:* Wissensbausteine aus den Wirtschafts-, Sozial- und Geisteswissenschaften, aus Technik und Naturwissenschaften sowie aus Medizin, Psychologie und Gesundheitsberufen. Von renommierten Autoren aller Springer-Verlagsmarken.

Weitere Bände in der Reihe http://www.springer.com/series/13088

Manfred Günther

Gewalt an Schulen – Prävention

Erprobte Programme, Positionen und Praxis-Projekte

 Springer

Manfred Günther
Berlin, Deutschland

ISSN 2197-6708   ISSN 2197-6716   (electronic)
essentials
ISBN 978-3-658-32578-7   ISBN 978-3-658-32579-4   (eBook)
https://doi.org/10.1007/978-3-658-32579-4

Planung/Lektorat: Eva Brechtel-Wahl
Springer ist ein Imprint der eingetragenen Gesellschaft Springer Fachmedien Wiesbaden GmbH und ist ein Teil von Springer Nature.
Die Anschrift der Gesellschaft ist: Abraham-Lincoln-Str. 46, 65189 Wiesbaden, Germany

Was Sie in diesem *essential* finden können

- Beschreibung zahlreicher geeigneter Gewaltpräventionsprogramme
- Besonderheiten im Handlungsfeld Schule/Schulsozialarbeit
- Delinquenz und/oder Mobbing unter Schüler*innen
- Verfahrensweisen, Konzepte und Techniken
- Gelingensbedingungen von Prävention, Evaluierung von Programmen
- Krisenteams, Amoklagen, Schul-Massaker
- Definition von Gewalt und Aggression
- Coolness Trainings, Streitschlichtung
- Ansätze, Agenten und Arten von Prävention

Inhaltsverzeichnis

1.1 Tödliche Gewalt auch an deutschen Schulen

Was veranlasst unsere Schulen, sich nach 2000 stärker um Gewalt zu kümmern? Welche gesellschaftlichen Rahmenbedingungen haben zu den Problemen geführt? Seit dem 26. April 2002 ist auch den Verantwortlichen in der Bundesrepublik Deutschland klar, dass unbedingt fundierte Überlegungen und möglichst wirksame Programme zum Komplex „Gewalt an Schulen" entwickelt werden müssen. An diesem tragischen Tag war in der Thüringer Landeshauptstadt Erfurt ein Schulmassaker durch einen ehemaligen Schüler verursacht worden, das 17 Tote zurückließ. Diese brutalste Form von Gewalt an Schulen wurde unscharf aber kurz Amok/Amoklauf/Amoklage genannt.

Zwar waren aus den USA ähnliche Vorfälle überliefert. Noch heute ist vielen in Erinnerung, dass im Jahr 1999 an der Columbine High School in Littleton zwei Abschlussklässler das Leben von 12 Schüler*innen und einem Lehrer auslöschten. Da ihre Bomben nicht explodierten, nutzten sie vier verschiedene mitgebrachte Schusswaffen. Ursächlich im Hintergrund standen weniger vermutete Mobbing-Erfahrungen als vielmehr Isolation, der Drang nach Berühmtwerden, gepaart mit pathologischer Verzweiflung.

Bis „Erfurt" gab es in Deutschland keinerlei Maßgaben, wie in solchen Fällen Polizei, Feuerwehr und Schulleitungen zu reagieren haben. Und es gab nicht einmal Ansätze von Prävention. Die Schulen – dank des Föderalismus 16 Mal uneinheitlich in den Ländern ministerial verantwortet – kannten tatsächlich andere Gewaltphänomene. Meist über Unterrichtsprogramme „Soziales Lernen" hatten sie sich verschiedenartig eingestellt auf „Mobbing" in Schule und Unterricht sowie auf Folgen körperlicher Gewalt, vor allem auf den Schulhöfen, denn hier

M. Günther, *Gewalt an Schulen – Prävention*, essentials, https://doi.org/10.1007/978-3-658-32579-4_1

war die *Unfallkasse* mit ihren Methoden der Erfassung und Regulierung bereits gut aufgestellt. Vereinzelt gab es in deutschen Schulen Mediationsangebote zur Steuerung von Streit unter Schüler*innen und *Konfliktlotsen;* selten existierten *Klassenräte.* Noch immer war es der einzelnen Lehrkraft überlassen, im „kalten Wasser" Formen von *Intervention* zu erproben mit dem Risiko, damit zu scheitern. Wirksame, auch im partizipativen Sinn, mit Schüler*innen und Eltern, z. B. über Gremien abgestimmte Sanktionskataloge fehlten fast überall, auch wenn ich heute registriere, dass zunehmend Leitlinien und Wertekanons in der jeweiligen Schulverfassung vorangestellt werden. Die erforderliche Zusammenarbeit von Jugendhilfe, Schule, Polizei und Justiz auf Augenhöhe steckte noch in den Kinderschuhen. Schulstationen, Räume mit Kreisbestuhlung für den Klassenrat, Krisenteams sowie unterstützende Schulsozialarbeit für alle Schulen, davon konnten engagierte Kolleg*innen nur träumen.

„Erfurt" und in Folge die desillusionierende Berichterstattung der Medien über Defizite sowie haarsträubende Fehler nicht nur in der betroffenen Oberschule rüttelte die politisch Verantwortlichen wach: die Ministerpräsident*innen der Länder schoben nun in Wissenschaft, Kriminologie und Schulverwaltungen entsprechende, geeignete Projektentwicklungen an.

Seither sind fast 20 Jahre vergangen. Wir zeigen im *essential* mit allen wesentlichen Aspekten den heutigen Stand der Gewaltprävention an Schulen 2021, ohne auf die Covid-19-Problematik einzugehen. Die Pandemie kann zwar als Großschadensereignis gefasst werden, nicht aber im Kontext „Gewalt an Schulen". Es werden systematisch und verständlich die verschiedenartigsten Ansätze vorgestellt, die von der Sozialpädagogik, der Lehrplangestaltung und polizeilichen Präventions-Agent*innen empfohlen und umgesetzt werden. Wegen der geringen Zahl von wirkungsevaluierten Programmen können wir uns nicht nur auf diese beschränken. Andererseits ist das dezentrale Angebot an immer gut gemeinten und angeblich effektiven Vorhaben inzwischen so groß, dass einige exemplarische Ansätze gebündelt vorgestellt werden müssen; andere, insbesondere nur örtlich eingesetzte Initiativen bleiben außen vor. Soziales Lernen, diverse primärpräventive Angebote und Interventions-Techniken in der Not bis hin zu Amoklagen werden voneinander abgegrenzt; evaluierte sowie andere erprobte Projekte werden anschaulich für die Pädagogik-Ausbildung und die Präventions-Praxis vorgestellt.

Auch diskutieren wir die „Misere", dass erstens die Bundesländer zahlreiche verschiedene, nicht abgestimmte Ansätze in ihrem Bereich vorgeben, als auch zweitens das Dilemma, dass die einzelnen Landesschuladministrationen es nur selten wagen, Schulen (je nach Schultyp) anzuweisen, bestimmte Programme am

Ort umzusetzen. Da spielen „fehlende" Finanzen eine Rolle, als auch der „Ansatz", dass Schulen zunehmend eigenständig über Geld, Fortbildungsinhalte und Sonderprogramme entscheiden sollen. Vorangekommen ist in den Jahren die Einbeziehung von schulbezogener- und Schulsozialarbeit, leider häufig noch zeitlich befristet und über mager geförderte Freie Träger in die Schulen getragen. Auch die Polizei (wie Bildung in der Hand der Länder) bietet für Schulen inzwischen bestimmte Gewaltpräventions-Settings an, aber wegen des leidigen Föderalismus eben überall anders. Dass Polizei, Jugendsozialarbeit, Schule und Justiz nicht gerade schöpferisch zusammenwirken ist in der Regel nicht dem zu achtenden Klientel-bezogenen Datenschutz geschuldet, sondern eher den überlieferten und gepflegten Ressentiments im Feld.

Was Amoklagen angeht, haben die verschiedenen Eingriffe nach Erfurt nicht verhindern können, dass Deutschland weitere, ebenfalls brutale Vorfälle wie z. B. in Winnenden erleben musste. Aber Schulen und Ordnungsdienste sind inzwischen viel situationsangemessener, besser, schneller und effektiver eingestellt auf solche Ereignisse und können so immer öfter das Schlimmste verhüten. Dort wo Krisenteams existieren ist rasches, kompetentes Handeln möglich. Die Justiz ist indirekt betroffen und hat sich um *Mehrfach- und Intensivtäter* gekümmert, denn diese sind als 12–18-Jährige meist auch Schüler*innen. Vor allem aber die Wissenschaft war motiviert und in der Lage, zu forschen, Expertisen zu fertigen, neuartige Programme anzuschieben und moderne US-Strategien zu berücksichtigen, ohne diese zu ungeeigneten Blaupausen für die anderen, *deutschen* Verhältnisse machen zu wollen.

1.2 Die Entwicklung von Delinquenz und Gewalt an Schulen in Deutschland seit 1990

Werden unsere Kinder und Jugendlichen häufiger oder brutaler gewalttätig? Vor allem durch Titelseiten der Boulevardpresse wird der Eindruck vermittelt, dass Jugenddelinquenz sowie Gewalt an Schulen zunimmt. Ältere Menschen sind sich sicher, dass ein oder zwei Generationen früher alles viel friedlicher war, dass es sowohl weniger Straftaten als auch weniger Straftäter gegeben habe. Die Zahlen lügen nicht – allerdings ist es schwierig, passende Statistiken zu zitieren, da seit 1990 das ehemalige DDR-Gebiet auch Teil der BRD wurde. In der „alten" BRD wiederum ist die Volljährigkeit erst 1975 von 21 auf 18 herabgesetzt worden. Eine weitere Variable ist das Anzeigeverhalten der Bevölkerung und das Meldeverhalten der Schulleitungen vor und nach dem Bereitstellen von einschlägigen (Pflicht-)Vordrucken. Jugenddelinquenz stieg im wiedervereinigten

Deutschland 1998–2007 deutlich an, d. h. in Zahlen, dass es vorher und nach-
her etwa 125.000 Tatverdächtige gab, in den 10 fraglichen Jahren aber etwa
225.000. Der weibliche Anteil blieb bei etwa 15–18 % immer konstant. Ein
erneuter Anstieg, der ebenfalls wieder abflachte, fand 2015–2016 statt. Allerdings
ist durch die Aufnahme hunderttausender Flüchtlinge auch die Grundgesamtheit
angestiegen. Zusammenfassend stellen wir fest: die Ansicht, Jugendkriminalität
sei immer schlimmer geworden, ist falsch. Ein gegenteiliger Trend lässt sich z. B.
im letzten Jahrzehnt deutlich zeigen. Nicht leugnen sollten wir eine Neuentwick-
lung: Straftaten *einzelner* nehmen deutlich zu; die *Intensiv- oder Mehrfachtäter*
begehen heute jeweils mehr Taten als früher; so entsteht scheinbar ein Paradoxon:
Straftaten nehmen zu, die Straftäter-Anzahl aber ab.

Was die Gewalt an Schulen angeht, stehen zwei Quellen zur Verfügung.
Während aus den Schulen heraus über die Schulleitungen und Behörden seit
Beginn der systematischen Aufzeichnungen in 2002 kontinuierlich Zunahmen
beschrieben werden, zeigt die Unfallkasse (sie und nicht die Krankenkasse ist
Kostenträger im Fall von Verletzungen) mit ihren authentischen, wenig beein-
flussbaren Daten über die sogenannten „Raufunfälle auf Schulhöfen" z. B. sowohl
über die Jahre 1993–2003 hinweg überraschend eine Abnahme jener Vorfälle, die
wegen meldepflichtig sind, als auch per DGUV-Statistik über die Jahre 2000–
2015; der Mädchen-Anteil beträgt hier 29 %. Gerundet kann festgehalten werden,
dass die Anzahl gewaltbedingter Unfälle an Schulen in diesem Zeitraum von
etwa 130.000 auf 90.000 zurückging. Nebenbei: es heißt, die flächendeckende
Verfügbarkeit des Fernsehens in allen Haushalten seinerzeit habe die Mordrate
verdoppelt; *Counterstrike* hat das nicht geschafft. Zuletzt und erneut sei auch
an dieser Stelle unterstrichen, dass starke Restriktionen, was den Zugang zu
(Schuss-) Waffen angeht, notwendig zu fördern sind, vor allem im Kontext
Amoklagen.

Eine Reihe von Leser*innen werden sich fragen, welchem besonderen Auftrag
sich diese Veröffentlichung widmet. Tatsächlich könnte man in Abwandlung eines
Karl-Valentin-Zitats polemisch sagen „Es ist alles schon aufgeschrieben, nur noch
nicht von jedem". Das ist völlig korrekt, siehe hinten „Literatur".

Bereits 1984 legte Kreidler in den USA einen prima Reader vor mit 200 Ideen
namens „Conflict Resolution Techniques in the classroom". Trotzdem liegt nun
hier in gewisser Hinsicht auch ein Unikat vor: wir werden den einzigen deutsch-
sprachigen Text zeigen, der knapp, eben als *essential,* auf nur gut 60 Seiten
alle relevanten überregional genutzten Vorhaben und Ideen im Feld der schulischen Gewaltprävention präsentiert. Wir wollen kurz anschaulich machen, wie
Lehrkräfte, Polizei und Sozialpädagogik strukturell Gewaltprävention angehen,

und zwar in Einklang mit – und z. T. in wissenschaftlicher Begleitung von – universitärer praxisbezogener Forschung. Wir zeigen auch aktuelle Zahlen zur Gewaltentwicklung an Schulen in Deutschland sowie Gliederungsaspekte von Gewaltanlässen im weitesten Sinn.

Norwegen, Schweden sowie Finnland waren und sind (in Europa) Deutschland weit voraus; bereits seit 1986 hatte der bekannte, erst vor kurzem verstorbene Autor Olweus über Programme für Schulen nachgedacht und geschrieben. Auch vor diesem Hintergrund definieren wir für die z. T. verwirrte Sozialpädagogik Begriffe wie School Shooting, Amok, Bullying und Mobbing. Einige der bekanntesten, wichtigsten kriminologisch forschenden deutschen Hochschullehrer*innen wie Bannenberg, Feltes, J. Hoffmann, Lösel, Melzer, Petermann, Pfeiffer, Robertz, Rössner, Scheithauer, Schubarth und Schwindt werden mit ihren Theorien und Ansätzen vorgestellt, weil die praktischen Auswirkungen dieser Koryphäen wenigstens bedingt gut evaluiert sind. Am Rande werden auch Projekte gezeigt, die im Feld Justizvollzug sowie direkt/indirekt über die Jugendhilfe gesteuert werden. Denn ein ganz wesentlicher Aspekt beim Zuvorkommen von (schulischer) Gewalt ist natürlich, die *Erziehungskompetenz der Familien* zu fördern und zu stärken. Ebenfalls am Rande wird beleuchtet, dass *häusliche Gewalt* leider noch kein Pflicht-Thema in Schulen ist. In seltenen Fällen ist es Frauenhäusern gelungen, in einzelnen Schulen über dieses verbreitete Phänomen aufzuklären.

So lange ich in dem Feld tätig bin wird betont, dass doch bitte in Zukunft mehr Augenmerk und Hilfe den Opfern zuteil werden soll. Wie Gesetz gewordener Zynismus erscheint der Mehrzahl der Opfer von Gewalt diese Floskel, weil sie eben nicht vorrangig betreut werden und eben nur selten die nötige Zuwendung, Unterstützung und Hilfe erhalten. Es kümmert sich traditionell eine gut organisierte Institution, der *Weisse Ring* um viele Opfer, wenn der Kontakt denn hergestellt wird. Aber das heranzuziehende Opferentschädigungsgesetz OEG entschädigt statistisch betrachtet nur 10 % der unschuldigen Opfer, die Ansprüche und Klage erhoben haben, 90 % gehen leer aus.

Gewalt und Aggressionen, Zugang zu Waffen, Polizei vs. Jugendsozialarbeit, Einfluss von Migration

2

Gewalt, Mord, Krieg, Massenvernichtung von menschlichem Leben, Rache um der Ehre willen, Disziplinierung von Sklav*innen, Arbeiter*innen und eigenen Kindern – die Geschichte ist voll von unsäglichen Grausamkeiten, alle der Gewalt geschuldet, die mit unserem Leben auf der Erde verknüpft war und ist. Allerdings haben *Staaten* immer mehr versucht, mit gewissen Erfolgen Gewalt für sich zu monopolisieren. Militär, Polizei und vollstreckende Justiz agieren relativ souverän. Auf der Seite der Bürger*innen hat in den hochzivilisierten Ländern Gewalt abgenommen. Man schlägt seine Schüler*innen nicht mehr, und seine Kinder nicht mehr so heftig. Was Gewalt an Schulen angeht, wählte Schubarth (2004) das treffliche Bild „man könnte meinen, dass der Rohrstock eine Metamorphose zum Baseballschläger durchgemacht hat…". Dabei finde ich sehr interessant, dass innerhalb von 3 Generationen ein gewaltiger Wandel stattgefunden hat: die jüngeren unter uns wissen gar nicht, was Rohrstöcke schlimmes getan haben (bis etwa 1965 schlugen Lehrkräfte unangepasste Schüler*innen damit auf Finger und/oder Gesäß), und die ganz Alten – sagen wir einmal im friedlichen Friesland – können mit dem US-amerikanischen Sportgerät nichts anfangen (zur Information: häufig werden auch in Deutschtand Attacken inszeniert, bei denen Mitmenschen, Opfer, Gegner*innen, aber auch Sachen, Fensterscheiben, Pkw usw. mit diesen bruchsicheren Holzkeulen, die normalerweise einen kleinen Ball weit wegschlagen sollen, traktiert werden. In Mahlow bei Berlin schlugen 1996 Skinheads einen farbigen Briten mit einer solchen Keule halb tot (er starb in diesem Jahr mit 60 an den Folgen), weil er ein Ausländer war und ihres Wissens angehöriger einer anderen Rasse. Komisch, erstens gibt es auch in England (leider) Skinheads, und zweitens existieren überhaupt keine unterschiedlichen menschlichen Rassen, unser Grundgesetzt wir bald entsprechend bereinigt; aber solche Taten sind selten an intelligente Ideen geknüpft.

M. Günther, *Gewalt an Schulen – Prävention*, essentials,
https://doi.org/10.1007/978-3-658-32579-4_2

Schubarth (2019) unterscheidet anschaulich 3 Gewaltformen: jene in Macht- und Herrschaftsbeziehungen, die strukturelle Gewalt (ungleiche Verteilung von Eigentum usw.) sowie die uns hier berührende *personale Gewalt*. Sie hat physische wie psychische Auswirkungen und kann definiert werden als rohe, gegen Sitte und Recht verstoßende Einwirkung auf Personen – betroffen davon können auch Mitschüler*innen und/oder Lehrer*innen sein.

Dass Aggressionen natürlichen Ursprungs sind, ist auf der anderen Seite ebenso bekannt. Die Literatur beschreibt sehr differenzierend, was natürlich, normal, krank oder normverletzend ist.

2.1 Zur Unterscheidung von unerwünschter Gewalt und eher natürlicher Aggression

Ausbrüche von Gewalt, Gewalttaten, körperliche und psychische Gewalt, Gewalt gegen Sachen, dass hat jede/r von uns erlebt, auch wer das unbeschreibliche Glück hat, keine Kriege am eigenen Leib erlebt zu haben. Gewalt ist meist zielgerichtet, häufig geplant und selten spontan. Wer Gewalt ausübt ist zunächst immer in dem Vorteil, die gutgläubigen zu überraschen. Das sind dann Zeug*innen oder Opfer. Manchmal werden Gewalttäter auch flankiert von eigenen Leuten, die beim Akt helfen oder ihn gutheißen. Der US-Pädagoge Polsky behauptet, eine typische Jugendgang oder Bande, nehmen wir mal eine mit 10 Personen, habe die Form eines Diamanten: an der oberen Spitze steht der Anführer, darunter befindet sich sein Statthalter, unter diesem wirkt eine Art Betrugskünstler. An den Ecken mittig gehört immer ein eher Isolierter zur Gruppe sowie ein unzertrennliches Paar. Der untere spitze Bereich lässt einige „Flaschen" mitlaufen, und ganz unten an der Spitze muss ein Sündenbock einige Belastungen durch die Gang aushalten (vgl. Günther, 1981, 2018).

Wohl die brutalste Jugendbande, die Deutschland erlebt hat, agierte in der Nachkriegszeit von 1946–1949 im ungeteilten Berlin Ost wie West; ihr wurden Waffenraub, Überfälle auf Polizisten, Banküberfälle und zahlreiche Diebstähle nachgewiesen, bei denen zwei unschuldige Opfer den Tod fanden. Anführer der 10–27 jungen Männer war Werner Gladow, ein zynischer, frecher kleiner Al Capone (heute würde man sagen „mega cool"); er wurde wie zwei seiner Kumpel mit erst 19 Jahren unter dem Fallbeil hingerichtet. Gewalt in dieser Dimension wurde in den Folgejahren im gesamten Deutschland nie mehr erreicht. Allen Vorurteilen zum Trotz: es handelte sich um „Bio-Deutsche"! 2020 brennen gelegentlich Pkw nachts in den Straßen, und niemand weiß genau, wer diese Art Gewalt gegen Sachen umsetzt, welche Altersgruppe, welche nationale Herkunft und welches Geschlecht die Täter*innen haben. Das hat nicht viel mit Gewalt an Schulen zu tun. Vandalismus gibt es auch in Abständen an Schulen, aber das wird in der Regel von schulfremden Personen verantwortet, egal ob Dinge im Komplex Schule zerstört werden, oder ob es sich um Tags bzw. Graffiti handelt.

Immer wieder wird auch behauptet, dass die Gewalt gegen Lehrer*innen zunähme – Belege dafür kenne ich nicht. Ganz grundsätzlich mussten wir in Deutschland nach 1985 allerdings zur Kenntnis nehmen, dass einige unbegleitete minderjährige Flüchtlinge aus Kriegsgebieten wie Libanon oder Palästina oder aus Kurdenregionen weniger fair kämpften, wenn es um Gleichaltrige ging und auch weniger Skrupel hatten, im Streit Erzieh*innen oder Lehrer*innen anzugreifen. Die meisten Jugendlichen besitzen eine Zeitlang ein Messer, aber diese z. T. Traumatisierten benutzten sie im Kampf. Ich musste z. B. einmal intervenieren, nachdem ein Erstklässler arabischer Herkunft eine Lehrerin angegriffen hatte; offenbar ist das Kind mit einem unglaublich diskriminierenden Frauenbild sozialisiert worden. Die Flüchtlingswelle 2015 hat uns auch ein plus an Gewalt gebracht, man denke an die Vorfälle zu Silvester in Köln; 4 Jahre später hört man kaum noch von vergleichbaren Exzessen. Aggression bezeichnet eine Haltung, Einstellung oder Emotion gegenüber Menschen, Tieren, Dingen oder Einrichtungen wohl mit dem Ziel, sie zu beherrschen, und aggressives Verhalten dient der Umsetzung dieser Ziele. Aggressivität ist eine überdauernde Bereitschaft zu Aggressionen, welche auch helfen, Bedrohungsgefühle zu reduzieren. Die Aggression selbst führt wiederum zur Ablehnung durch andere (außer ggf. der durch die Clique) und zu vergeltenden bedrohlichen Akten anderer. So werden Aggressionen verstärkt. Aggressives Verhalten gilt als antisozial und tritt bei 6–7 % aller Jugendlichen auf, etwa 85 % davon sind männlich.

Ab 13 Jahren nimmt Gewalt zu, ab 20 sinkt sie wieder. Beginnt sie vor 13, erkennen wir meistens die geringe elterliche Aufsicht in der häuslichen Umgebung, im Konfliktfall krasse körperlich-strafende Erziehungspraktiken (die bekanntlich seit 1999 den Eltern verboten sind) und/oder die Ablehnung durch Age-Mates und Peers. Tatsächlich können auch neurophysiologische Anomalien vorliegen; das bemerken wir oft im Sprachverhalten, bei Wahrnehmungsstörungen, Unaufmerksamkeit und Impulsivität/Hyperaktivität. Auf Gewalttaten folgende Strafen sind besonders dann unwirksam, wenn nicht gleichzeitig aktiv alternative, prosoziale Verhaltensweisen vermittelt werden, die der bestraften Person auch gefallen.

2.2   Zugang zu Waffen international und in Deutschland

Deutschland nimmt, was den Privatbesitz von Waffen angeht, den 6. Platz ein nach den USA, sowie u. a. Finnland und der Schweiz. 2009 wurde in Deutschland das Waffenrecht ein wenig verschärft, eine Altersgrenze (Benutzung großkalibriger Waffen von ab 14 Jahren auf 18) wurde heraufgesetzt. Außerdem können Kotrollbesuche in Privathaushalten ggf. aufdecken, dass Waffen nicht regelgerecht gelagert werden; dann kommt es zur Beschlagnahme und Vernichtung der Hardware.

Die Mutter eines jungen Opfers, einer 24-Jahre alten Referendarin aus Winnenden in Baden-Württemberg, beklagt sich öffentlich auch mit einem Aktionsbündnis bestehend aus acht Eltern über unsere Gesetze. Diese forderten u. a. das Verbot großkalibriger Waffen; eine solche Waffe des Tim K. war an der Albertville-Realschule in Winnenden (18 Tote) durch eine 8-cm-dicke Tür gedrungen und hatte jene Lehrerin getötet, dann erst blieb die Kugel in Aluminium stecken. Bei 95 % der Amokläufe in Deutschland stammen die Waffen aus dem Besitz von Sportschützen. Die Eltern fordern in der Petition „Keine Mordwaffen als Sportwaffen" und außerdem, dass wie in der Schweiz Waffen und Kugeln nicht in Privathaushalten gelagert werden dürfen. Sie fordern aber z. B. nicht das Verbot der umstrittenen *Paint-Ball*-Spiele.

2.3   *Mehrfachtäter*, Migration, Integration

Die Untersuchungen des mit dem Namen Pfeiffer (vgl. weblink „Jugendliche in Deutschland") verbundenen Kriminologischen Forschungsinstituts Niedersachsen haben sich immer wieder mit der Hypothese befasst, dass Kinder- und Jugendliche mit Migrationshintergrund signifikant krimineller agieren als „biodeutsche" Minderjährige. Interessant differenzierend sind die Ergebnisse: gemessen an ihrem Bevölkerungsanteil sind Kinder von im Ausland geborenen Eltern ähnlich delinquent wie Kinder deutscher Eltern. Allerdings begeht der Migranten-Nachwuchs mehr Straftaten pro Kopf, d. h. ihr Anteil an sogenannten Wiederholungs-, *Intensiv*- oder *Mehrfachtätern* ist tatsächlich höher. Bei ihnen wirken *Frühe Hilfen* der Jugendhilfe nicht; Erziehungsinstrumente für diesen Personenkreis, insbesondere für unter 14-Jährige, müssen intelligent die Herkunfts- und Szene-Kultur berücksichtigen. Risikokinder können auch auf Verdacht „behandelt" werden. Keine Freiheitsentziehung für Kinder, aber konsequent für Jugendliche, und zwar zügig über *beschleunigte Verfahren.* Hauptaufgabe dort ist die Senkung der Rückfallquoten und die Berücksichtigung, dass die Risiken in der Gesellschaft liegen.

Jugendhilfe hat das Potenzial zu helfen, selbst dann wenn die Schwierigsten mehr als einmal spektakulär gescheitert sind. Jugendgerichtshilfen sollten mutig auch einmal 19- oder 20-Jähre *Intensivtäter* den Erwachsenen-Gerichten überantwortet werden. Integration kann nicht erzwungen werden; Jugendliche sind per se keine Gefahrenquelle, selbst wenn der Onkel einem mafiösen Clan angehören sollte; und der Staat ist kein guter Erzieher. (Anmerkungen: 1. Bei den Statistiken werden in der Regel Beschuldigte und nicht Verurteilte herangezogen und ausgewertet. 2. Über 28 Jahre lang – die Verjährungsfrist beträgt 5 Jahre – hinterzog der deutsche Postchef Zumwinkel, Manager des Jahres 2003, mit krimineller Energie Steuern, ein erwachsener Mehrfachtäter, biodeutsch wie sein Kollege Thomas Middelhoff, Talkshowstar und Straftäter, der u. a. Karstadt, assistiert vom Sal. Oppenheim-Bank-Manager M. Graf v. Krockow, mittels „schwerer Untreue" versenkte. Und 3., Tatort USA: Beim immer noch gefeierten Frank Sinatra gingen die Mafia-Mobster jahrzehntelang ein und aus. Die seriöse Paul-Anka-Biografie „My Way" zeigt, dass der Crooner sogar Mordaufträge ausgab).

Auch etwa 60 Jahre nach der gezielten Anwerbung von ausländischen Arbeitern durch die BRD-Regierung, und 50 Jahre, nachdem das DDR-Regime gezielt Arbeitskräfte aus Vietnam und Angola angeworben hatte, mangelt es an Integration. Die Wiedervereinigung scheint sogar ein Hindernis zu sein, denn die Entwicklung von Parallelgesellschaften, z. B. das SO-36-Viertel in Berlin-Kreuzberg, in denen Banken und Reisebüros heute nur in türkischen Lettern werben, gab es in dieser Fülle vor 1990 nicht. Uslucan (2014) mahnt: die armen haben gegenüber den durchschnittlichen Migrantenkinder ein doppelt so hohes Risiko, desintegriert zu leben. Das Kränkungs- und Konfliktpotenzial ist in dieser Bevölkerungsgruppe hoch. Auf dem Hintergrund anderer Kulturen ist im Migrationskontext der *Machismo* verbreiteter, Dominanz und Maskulinität wird geschätzt, „Ehrverletzungen" führen zur Gewalt. Migrantenjugendliche prügeln häufiger, Biodeutsche lügen häufiger. Der elterliche Erziehungsstil ist ein Prädikator für die Persönlichkeitsentwicklung der Kinder, logisch.

Also ist die Frage der Migranten„eingliederung" nicht als isolierte „Ausländer" problematik, sondern als Querschnittsaufgabe zu sehen, die vor allem von Jugendhilfe, Schule und Polizei gemeinsam auf der Basis örtlicher Besonderheiten immer mit im Blick sein muss beim Versuch der Umsetzung *aller* fachpolitisch beschlossenen Präventionsvorhaben.

2.4 Polizei in enger Kooperation mit der Jugendsoziarbeit?

Genau wie das Tätigkeitsfeld Schule/Bildung ist die Arbeit der Polizei Ländersache. So finden wir 16 Landespolizeigesetze vor und auch 16 verschiedene Arten, wie sich Polizei anbietet, um der Gewalt an Schulen zuvorzukommen. Bewährt haben sich Angebote der *Präventionsbeamten, den PrävBas*. Sie beraten Schulleitung und bieten in vielen Ländern auch Unterrichtseinheiten zu Themen wie Mobbing, Gewalt, Opferschutz und Strafen für *Täter* an. Da Polizist*innen keine pädagogische Ausbildung besitzen (Ausnahmen bestätigen die Regel), können Unterricht, Training und Rollenspiele „nach hinten" losgehen. Schüler*innen haben auf der einen Seiten großen Respekt vor Uniformträgern und der Kripo, müssen aber auch vor dilettantischen Spielen geschützt werden (traditionell ist Polizei ohne Frage kompetent zuständig für die Verkehrserziehung, was z. B. bei den Trainings von 3./4. Klasse-Kindern sehr erfolgreich zum Fahrradführerschein führt).

Neben den Aktivitäten *in* den Ländern organisieren diese auch eine für das gesamte Bundesgebiet zuständige Instanz, nämlich ProPK in Stuttgart (Projektleitung Polizeiliche Kriminalprävention). Gelenkt werden gemeinsame Kriminalpräventionsvorhaben vom Arbeitskreis II – Innere Sicherheit – bei der Innenministerkonferenz. Die Geschäftsstelle der ProPK überlässt den Polizeidirektionen in den Ländern vor allem Material, Bücher, Broschüren, CDs und andere moderne Medien. Sie gibt ein eigenes Programm zu diversen Konflikten für Schulen heraus, das primärpräventive *Abseits*. Bedauerlicherweise investieren die Länder im Kultusbereich so gut wie nichts für zentral abgestimmte Prävention. Die Kultusministerkonferenz KMK beschäftigt in Düsseldorf dafür z. Z. einen einzigen koordinierenden Beauftragten.

Auf der einen Seite besitzen die Polizeien der Länder das Gewaltmonopol. Andererseits ist ihre Rolle definiert als Ermittlerin oder Umsetzerin von Vorgaben, die die Staatsanwaltschaft oder bei Amoklagen die Feuerwehr machen. Präventions-Polizei trifft in Schulen auf die Jugendsozialarbeit; während aber die Zusammenarbeit mit den Brennpunktschulen, die mit „mehr Polizei im Haus" eine Entlastung verspüren, den Umständen entsprechend gut gelingt, halten Jugendsozialarbeiter*innen traditionell Abstand zu den Uniformierten und bleiben misstrauisch. Ein Umdenken beginnt. Denn immer häufiger finden sich heute jüngere Sozialpädagogik-Fachkräfte und Polizei zusammen, um „im Team" einerseits Fortbildungen zu geben, zum anderen aber auch um direkt am Ort, in Schulen oder Freizeitstätten bzw. in Einrichtungen der Fremdunterbringung *Antiaggressionskurse* zu gestalten. Dann kann es aber auch passieren, dass Polizeiobere ihre Leute „zurückpfeifen", weil sie die Zuständigkeit infrage stellen. Folgende Vorschläge könnten Ausgangspunkte für verbesserte Kooperationsvorhaben sein:

- Es ist sicher zu stellen, dass Polizist*innen für die Dauer von Hospitationen und Praktika im Feld Schule/Jugendhilfe dem Legalitätsprinzip *nicht* unterliegen
- Empfohlen wird die flächendeckende Einführung von Jugendsachbearbeiter*innen bei der Polizei, soweit noch nicht vorhanden
- Gefordert wird die Ausbildung von sachkundigen Ansprechpartner*innen für Kriminalprävention in der Polizei sowie in der öffentlichen und freien Jugendhilfe
- Wichtig ist die Vernetzung, Kooperation und Entwicklung gemeinsamer Strategien in Bezug auf Kinder- und Jugenddelinquenz auf allen politischen Ebenen, in der Öffentlichkeitsarbeit als auch in politischen Erklärungen
- Die Institutionen Polizei und Jugendsozialarbeit müssen über organisatorische Strukturen verfügen, die ihren Mitarbeiter*innen den Austausch und die Zusammenarbeit ermöglichen und erleichtern und die Kooperation als festen Bestandteil der Arbeit verankern (Präventionsbeauftragte, Clearingstellen-Modelle), die Polizei und Jugendhilfe besser vernetzen helfen
- Es sind die organisatorischen, finanziellen und personellen Rahmenbedingungen einer kontinuierlichen Fort- und Weiterbildung zum Themenfeld Kriminalprävention/Jugend zu schaffen, an denen Vertreter*innen aller Berufe teilnehmen
- Gefordert wird auch die Einführung eines Zeugnisverweigerungsrechts vor Gericht für Sozialarbeiter*innen in der Schulsozialarbeit und Jugendhilfe, wenn es z. B. um Delinquenz und Drogen geht

Definition von Prävention, Resilienz, Gelingensbedingungen und Evaluation

Zum Begriff Prävention werden umgangssprachlich eine Reihe von Übersetzungen angeboten: abwehren, reduzieren, verhindern und – das wäre korrekt – vorbeugen. Etwas anderes meint Prophylaxe, nämlich „Vorsicht" im Sinn von „sich vor etwas hüten". Der Terminus wird vor allem in der Zahnmedizin angewandt.

In diesem Text wollen wir ausschließlich die sozialwissenschaftliche und kriminologische Sichtweise übernehmen. Kriminologie kann als „Präventionswissenschaft" gesehen werden, denn sie will u.a. konkrete Maßnahmen ausarbeiten, mit denen man entsprechende Kriminalitätsformen vermeidet sowie kontrolliert. Soziale und sozialpädagogische Arbeit ist ebenfalls ein Produkt präventiven Denkens und erfüllt im Feld der Wohlfahrt immer auch professionell präventive Dienstleistungen. Strittig ist, ob Prävention in Handlungsfeldern wie Schule und Jugendhilfe im Kern fortschrittliche (vgl. die *Lebensweltorientierung* bei Thiersch 2014) oder ordnungspolitische Intentionen, also soziale Kontrolle verfolgt. Geht man ein wenig moralisierend ans Eingemachte könnte man sagen „vorbeugen ist besser als heilen". Soziolog*innen sehen es komplizierter, nämlich so: Adressaten von Prävention sollen nicht in Handlungskontexte geraten, in denen sie Träger sozialpolitischer Probleme werden.

Wird Prävention also gefordert und eingesetzt, entsteht immer auch eine Art Generalverdacht; zwar liegen gute Absichten vor, aber es ist ja noch gar nichts passiert! Risiken und Nebenwirkungen wurden meines Wissens auf keiner „Packungsbeilage" notiert.

M. Günther, *Gewalt an Schulen – Prävention*, essentials, https://doi.org/10.1007/978-3-658-32579-4_3

3.1   Was versteht man unter „Resilienz"?

Zu den Resilienzfaktoren zählen wir die kind- und die umgebungsbezogenen. Von der Umgebung sollen stabile emotionale Beziehungen zu den Bezugspersonen ausgehen; ein offenes, unterstützendes Erziehungsklima ist angezeigt; positive Freundschaftsbeziehungen in Kita und Schule sowie gute familiäre und andere soziale Zusammengehörigkeit wirken stark. Beim Kind selbst helfen aus der Sicht der Forscher die physische Attraktivität, ein positives Temperament, überdurchschnittliche Intelligenz, positives Sozialverhalten und aktives Bewältigungsverhalten, wobei einige dieser Faktoren Ausgangspunkt und Ziel zugleich sind. Resiliente Kinder bringen bessere Schulleistungen, haben ihre Impulse besser unter Kontrolle, sprechen eher über ihre Gefühle, sind interessiert-neugieriger und vor allem sehr gut in der Lage, Belohnungserwartungen aufzuschieben. Oft können sie sich ganz gut selbst einschätzen und bereits realistische Pläne fantasieren. Es geht um die psychische Widerstandsfähigkeit und um persönliche wie soziale Ressourcen. Von Vorteil ist es, ein Mädchen zu sein und/oder erstgeboren. Etwa 40 % der Resilienz könnte genetisch bedingt sein. Hohe Resilienz kann vor Depressionen schützen.

Eisenhardt (1997), der schon früh in Kenntnis von US-Programmen wie *Head Start, Second Step* und *Early Intervention* auf die Übernahme von einem geeigneten US-amerikanischen Eltern- und Familientrainingsprogramm namens *FAST* lenkte und es übersetzte, engagierte sich vor allem auch zur Resilienz-Festigung. Sein Anliegen war, bei Risikokindern in belastenden Lebensverhältnissen vor der Entstehung dissozialen Verhaltens zu intervenieren zur Stärkung von Schutz- und Abwehrkräften und zur Gesundheitsförderung. Wichtig waren ihm die Eltern-Kind-Beziehung bzw. die Mutter-Kind-*Bindung*.

Obwohl im Schulalter schon eine Reihe von wesentlichen und Basisfaktoren erreicht sind (oder eben nicht), kann Schule sowohl über Unterricht als auch über Peers und Tutor*innen Resilienz fördern. Lernmotivation sollte individuell ansetzen; Buddies, Teamteaching-Nachhilfe oder andere Tutor*innen aus dem Mitschüler*innenfeld bewirken, dass einzelne Kinder gut einbezogen werden und Vorbilder sehen, unabhängig von z. T. überforderten Lehrkräften, die glauben, in dieser Not am besten „alle gleich" behandeln zu müssen. Migrantenkindern gegenüber zeigen sie tendenziell eine Art von zivilisatorischer Mission.

3.2 Wie und wann kann Gewaltprävention gelingen?

Beim leicht zungenbrecherischen Begriff „Gelingensbedingungen" handelt es sich um ein seit etwa 20 Jahren modisches Wort, um auf zunächst abstraktem Niveau zu erfassen, welche Rahmen nützlich sind und welche atmosphärischen Accessoires dem Zielerreichen dienen. Anders als beim Resilienzbegriff oder beim Verweis auf die „Bindungstheorie" steht im Hintergrund der zu ermittelnden Gelingensbedingungen kein spezieller Ansatz, keine Schule und kein umstrittenes Theoriegebäude.

Ihre Kehrseiten sind die Risikofaktoren, im Kontext Jugendgewalt also beengte Wohnverhältnisse, schlechte Infrastruktur, Armut, *No Future*, und häufiges Aufhalten „auf der Straße" zusammen mit devianten Peers, wie bei Schepker (2008) anzutreffen. Die Medizinprofessorin stellt auch heraus, dass nicht der Testosteronspiegel, sondern der Alkohol- und Drogeneinfluss zunehmende Aggressionen und Neigung zur Delinquenz befördern. Ihr zufolge kann der Substanzmissbrauch im Jugendalter wegen der noch nicht ausgereiften Hirnstrukturen zu späteren antisozialen Persönlichkeitsstörungen führen.

Und um was nun handelt es sich bei Gelingensbedingungen, immer unterstellt, dass damit „gutes Gelingen" präventiver Arbeit gemeint ist?

Das Team um Scheithauer (2012) stellt folgende Aspekte in der Sprache der Wissenschaft heraus:

- Systematische Herangehensweise bei der Gestaltung von Präventionsmaßnahmen, d. h. die durchzuführenden Maßnahmen sollten theoretisch begründet (bewährte Modelle) und empirisch abgesichert (Wirksamkeits nachweise) sein.
- Die Berücksichtigung des Einflusses von wichtigen Entwicklungsaufgaben und Entwicklungsübergängen im Kindes- und Jugendalter.
- Die Berücksichtigung der Anzahl, Intensität und Dauer von risikoerhöhenden, aber auch risikomildernden Bedingungen und ihrer Wechselwirkung.
- Die Berücksichtigung von Alter und psychosozialer Entwicklung.
- Die Berücksichtigung individueller Bedingungen und Entwicklungspfade.
- Die Berücksichtigung multipler Risikokomponenten in Form multimodaler Maßnahmen in den Handlungsfeldern Individuum, Familie, Schule, soziales Umfeld.
- Die Betonung der risikomildernden Bedingungen von Kindern und Jugendlichen, deren Eltern und dem sozialen Umfeld.
- Die Fokussierung auf mehrere Komponenten (multimethodale Prävention) wie kognitive, behaviorale und affektive Aspekte.
- Die Ausführung der Maßnahmen über längere Zeiträume.

• Die Ergänzung universeller Maßnahmen durch selektive bzw. indizierte Maßnahmen.

Arbeiten, die relativ unabhängig von der „Gewalt an Schulen"-Frage die weniger brisante Auseinandersetzung zu Lehrerverhalten und Methodik angesichts misslingenden Unterrichts angehen, wie z. B. umstrittene Methodentrainings nach Klippert (2008), der für zahlreiche Lehrkräfte wohl zum Guru wurde, oder Günther, also ich selbst, der Autor hier, (vgl. 1980), der partizipative kognitive Verhaltenstherapie für und mit störenden Schüler*innen empfahl, bleiben hier außen vor.

3.3   Evaluationsarten

Im folgenden werden etwa 30 soziale Trainingsprogramme zur Prävention dissozialer Verhaltensprobleme bei Kindern und Jugendlichen an Schulen gezeigt, auch unabhängig davon, ob sie nachweislich wirksam sind. Jedes Projekt beansprucht und behauptet das zwar, aber welche Art Evaluation haben die Vorhaben tatsächlich durchgemacht? Für die systematische Erforschung solcher Wirksamkeitsbehauptungen ist in Deutschland vor allem der auch in Erfurt tätige deutsche Cambridge-Professor Lösel bekannt, weil der in die Erstellung systematischer Forschungs-Reviews der renommierten *Campbell Collaboration* involviert ist. Aber nicht nur Lösel (vgl. 2003, mit Bliesener) bedauert, dass anders als im anglo-amerikanischen Raum die Deutschen die Wirkungsorientierung als Bestandteil von Prävention nur bei einem Bruchteil der Projekte vorweisen können.

Zu den Evaluationsarten, wie sie umfänglich differenzierend von Uhlmann und Wolf (2018; vgl. weblinks) beschrieben werden:

1. Möchte man ein besseres Verständnis des Untersuchungsgegenstands erlangen, kann dies mittels *Konzept- oder Prozessevaluationen* erreicht werden. Leitfrage ist hier: „Welche Wirkung soll aufgrund der untersuchten Maßnahme einsetzen, und aufgrund welcher angenommenen Wirkungszusammenhänge?". Die Ergebnisse einer Konzept- bzw. Prozessevaluation verbessern die Transparenz und unterstützen den Wissenstransfer.
2. Möchte man eine laufende Maßnahme nachjustieren, bietet sich eine *formative Evaluation* an. Bei dieser Evaluationsart wird gefragt „was ist das Ziel der Maßnahme, und was wird gebraucht, um es (besser) zu erreichen?" Hier werden bereits während der Evaluation Veränderungen angestoßen, falls Optimierungspotenziale identifiziert werden. Um Verbesserungspotenziale zu

erkennen, bedarf es stets der Evaluation der ihnen zugrunde liegenden Prozesse, also einer Prozessevaluation. Eine Konzeptevaluation kann ebenfalls
Bestandteil formativer Evaluation sein.

3. Eine **wirkungsorientierte Evaluation** hat zum Ziel, die Wirkung einer Maßnahme einzuschätzen. Sie orientiert sich an den Fragen „welche Wirkung wird
   erzeugt, und wodurch?". Grundvoraussetzung ist die Operationalisierung von
   aussagekräftigen Indikatoren – also die Konkretisierung und Definition, was
   unter Wirkung verstanden wird, und bei wem die Wirkung untersucht wird.
   So stellt sich beispielsweise bei der Evaluation eines Beratungsangebots für
   Eltern radikalisierter Jugendlicher bzw. junger Erwachsener die Frage, ob eine
   Wirkung bei den Eltern untersucht werden soll oder ob analysiert wird, welche
   Wirkungen der Beratung bei den Kindern ankommen.

4. Eine *summative Evaluation* gleicht den Sollzustand mit dem Istzustand ab.
   Die zentralen Fragen sind hier „Wird das Ziel erreicht, und in welchem
   Maße?". Zweck der summativen Evaluation ist, mittels dieser Bilanzierung
   den Nutzen einer Maßnahme zu erfassen.

Planerisch ist zunächst der Untersuchungsgegenstand zu identifizieren und abzu-
grenzen: Was genau soll zu welchem Zweck evaluiert werden? Handelt es sich
um eine Maßnahme der primären, der sekundären oder der tertiären Prävention?
Was genau ist das Erkenntnisinteresse der Untersuchung – soll der Fokus auf
die Umsetzung von Standards im jeweiligen Arbeitsfeld oder auf das Erreichen
der anvisierten Zielgruppe gelegt werden? Dies ist notwendig, um die passende
Evaluationsart aussuchen zu können. Nicht jeder Untersuchungsgegenstand ist
evaluierbar. Sind die notwendigen Daten, z. B. die Beschreibung von Beratungs-
verläufen im sozialen Umfeld radikalisierter Jugendlicher bzw. die Beschreibung
der Arbeit mit radikalisierten Personen selbst in der benötigten Form und Qualität vorhanden, und sind sie zugänglich? Können sie erhoben werden, und wenn
ja wie? Evaluative Maßnahmen sollten bereits bei der Konzipierung einer Prä-
ventionsmaßnahme mitgedacht werden. Durch Einbeziehung der Akteure können
Fragen in Bezug auf Ziele und Umsetzung der Evaluation frühzeitig geklärt
werden. Dies erhöht die Transparenz und Akzeptanz der Evaluation sowie der
eingesetzten evaluativen Maßnahmen. In die Planung einer Evaluation muss
auch der Aspekt der zeitlichen und finanziellen Ressourcen einbezogen werden. Die Expertise der evaluierenden Personen und ethische Erwägungen spielen
ebenfalls eine Rolle. Ich werde mich bemühen, bei allen vorgestellten Programmen Aussagen zur Evaluiertheit zu machen. Grob gerechnet weisen nur 15 %
Wirkungsevaluation vor, etwa 60 % haben sich um Prozessevaluation gekümmert.

Schaukasten „Präventionsarten"

Agent*innen	Bezeichnungen für die Präventionsarten
Psychosoziale Praxis	*Primäre Prävention < > sekundäre Prävention < > tertiäre Prävention*
Sozialwissenschaft	*Universelle Prävention < > selektive Prävention < > indizierte Prävention*
Polizei	*Generalprävention < > situative- oder Spezialprävention*

Unspezifische (Gewalt-)Prävention, Familienarbeit, Soziales Lernen, Mobbing/Bullying

4

Unbestritten existieren verschiedenartigste Formen von Gewaltprävention; niemand erhebt für sich den Anspruch, eine alleingültige Klassifikation zu besitzen. Im Übrigen fließen die Grenzen zwischen Gewaltprävention, Sozialem Lernen und anderen Interventionen. Das Erstellen und Sanktionieren von einem Wertekanon, der über demokratische Prozesse in die Schulverfassung gelangt ist, kann auch ein wirksames Instrument sein. In jedem Fall soll Prävention dem Wortstamm nach zuvorkommen; auch bei der *tertiären, indizierten* steckt diese Ansicht dahinter, nur dass die zu bearbeitenden Personen bereits aufgefallen sind und Taten begangen haben. Die weitere Arbeit mit ihnen soll dann verhindern, dass sie weiter Probleme machen und/oder rückfällig werden.

Um ein Beispiel aus der Polizeiarbeit zu nennen: gehen die *Präventionsbeauftragten* in eine Schulklasse und informieren über die Rechtslage bei Cybermobbing, so sind sie generalpräventiv unterwegs. Überhaupt gilt die Anwesenheit von Polizei im öffentlichen Raum (ähnlich wie der Einsatz von Videokameras) als Generalprävention. Suchen sie einen jungen Mann in dessen Wohnung und Familie auf, weil von ihm ausgehende Taten vermutet werden und vollziehen die sogenannte Gefährderansprache, so wirken sie spezialpräventiv, nämlich speziell auf eine Person bezogen, die offenbar bereits gegen Gesetze verstoßen hatte (bei Minderjährigen müssen Sorgeberechtigte anwesend sein). Das dient der Gefahrenabwehr und/oder Straftatverhütung. Grundlage dafür ist das jeweilige Polizei- und Ordnungsgesetz des Bundeslandes. Grundsätzlich gilt auch die (Gefängnis-)Strafe als tertiäre Prävention, ist aber umstritten, weil es sein kann, dass ein junger Mann in der Strafanstalt weitere Täter kennenlernt und dort neue Ideen und Tricks aufgreift – die geschlossene Anstalt kriegt womöglich eine Drehtür. Biete ich einer Gruppe von gewaltbereiten Schüler*innen (ggf. unter Einbeziehung ihrer Väter) ein Antiaggressionstraining an, ist das selektive Prävention, denn Risikogruppen werden in den Focus genommen; biete ich es allen Schüler*innen der Klassen 7 an, handelt es sich um primäre Prävention (oder um sekundäre, wohl wissend, dass in Bundesländern mit 6-Klassen-Grundschulen die 7. Klasse in der Oberschule fast immer eine schwierige ist...). Die Autorin Dienstbühl (2020; vgl. weblinks) hält sogar die allgemeine Schulpflicht für primärpräventiv, weil diese das Schule-Vermeiden zu verhüten hilft, eine m. E. gewagte These. Und würde man nur alle Jungen mit Migrationsgeschichte ins Training bitten, handelte es sich weder um primäre noch um sekundäre Prävention, sondern um *racial profiling*. Verschiedene Präventionsagent*innen wie Sozialpädagogik, Polizei/Justiz und Wissenschaft teilen die Präventionsarten also unterschiedlich ein.

Während die schematische, rein begriffliche Einteilung in acht Arten gemäß unseres Schaukastens auf der letzten Seite von Kapitel 3 keine logischen oder strukturellen Probleme mit sich bringt, ist es auf „meiner" Wikipedia-Seite „Liste von Projekten und Programmen Gewaltprävention/Soziales Lernen", bei Präventions-Ausstellungen, Präventions-Filmen und DVDs häufig sehr schwierig, eine zuordnende Einteilung vorzunehmen. So müssen wir uns damit abfinden, dass es Überschneidungen in allen Feldern gibt. Das soziale Lernen z. B. befasst sich natürlich auch mit Themen, die nichts mit Gewaltprävention zu tun haben. Es ist wohl überwiegend primarpräventiv aktiv; wenn aber bei der Planung eines Rollenspiels zum Thema Drangsalieren bekannte Mobbingopfer nicht zu den Hauptdarsteller*innen gemacht werden, sondern Beobachtungsaufgaben erfüllen müssen, hat eine (positive) Diskriminierung stattgefunden im Sinn von sekundärer Präventionsarbeit. In Reinform gibt es tatsächlich kaum Angebote. Indikation und Selektion liegen eng beieinander. Die Selektion erfolgt in der Regel in Bezug auf eine Betroffenengruppe, bei der Indikation sollte es um eine Einzelperson gehen, aber auch hier finden wir Überschneidungen, z. B. wenn wegen ähnlicher Tätermotivation eine Therapie-*Gruppe* aussortiert und von Präventionsspezialist*innen behandelt wird.

4.1 Stärkung der Erziehungskraft von Familie

Es sind Binsenweisheiten: Sollen sich Kinder trotz psychosozialer und materielle Belastung gesund entwickeln und sich angemessen rasch von Krisen erholen, müssen sie befähigt werden, erfolgreich mit belastenden Situationen umzugehen. Dazu bedarf es Eltern, die eine Reihe von Schutzfaktoren vermitteln:
sie müssen das Kind angemessen fördern und kontrollieren; sie sollten ethische Werte benennen und vorleben; zeigen sich schon beim Säugling Probleme, müssten sich Ärzte und Eltern auf *Frühe Hilfen* verständigen; schließlich sollten

Eltern ihren Kindern eher Freundschaften zu jenen Gleichaltrigen empfehlen, die selbst nicht gewalttätig auffallen (unter 7-Jährige sind nicht verantwortlich für delinquentes Verhalten, können aber sehr wohl *proaktiv* gelenkt werden, Spaß an *legalen* Spielen zu finden). Im günstigsten Fall entwickeln sie sich aus armen, schwachen und zunächst desintegrierten Teilfamilien positiv nach vierjähriger Kindertagesstätte mit Bildungs- und Erziehungsanspruch und betreten die Grundschule neugierig und resilient. Wir benennen hier die bekannteren, spezifischen Angebote für Eltern im Kontext Gewalt, die abzielen auf Stärkung der Erziehungskraft (KiTas verwenden gern das Präventionsprogramm *Papillo* oder die Vorschulfassung von *Faustlos*).

4.1.1 Triple P

Verhaltenstherapeut Sanders, Australien, hat bereits vor Jahrzehnten mit seiner Arbeitsgruppe dieses Programm zur Förderung liebevollen Verhaltens, der Kommunikation und vor allem der Stärkung der Erziehungskompetenz für Eltern mit Kindern von 0–15 Jahren entwickelt. Zu den Programmbausteinen gehört „Bleib positiv", „Positive Erziehung/Elternberatung" (Vorträge), „Stepping Stones", das sind vier individuelle Gespräche zur Förderung der Erziehungsfähigkeit bei 0–12-Jährigen, „Ebene 4" für Eltern von Kindern mit schwerwiegenden Verhaltensschwierigkeiten, und „*Triple P plus*" für Eltern mit Stress oder psychischen Problemen bzw. mit Partnerschaftskonflikten (Details auf der Webseite von triplep.de).

Umstritten ist die Time-Out-Technik – Kinder werden in den Übungsphasen ggf. für 1–5 min von Eltern getrennt, was rigide Erziehungshaltungen begünstigen könnte. Wir müssen bedenken, dass im Angloamerikanischen sowohl die Selbst-Management-Techniken als auch die schemenhaft-funktionalen Aktionen auf verhaltenstherapeutischem Hintergrund weit verbreitet sind, während diese in Europa weniger beliebt sind als kognitive, gruppendynamische und auch mitunter esoterische Ansätze. Allerdings ist *Triple P* im In- und Ausland mehrfach wirkungsevaluiert. Es bewirkt Verhaltensänderungen von Eltern und fördert positiv die Familiensituation. Das *Positive Parenting Program* sucht vor allem Gemeinden zur Implementierung dieses wohl kostengünstigen Mehrebenen-System-Programms zur kommunalen Prävention.

4.1.2 FAST

Will vor allem Ursachen reduzieren, die für Verhaltensstörungen verantwortlich sind. Ansatz ist Familienbildungsarbeit, sie kann finanziert und umgesetzt
werden von Familienbildungsträgern oder Erziehungsberatungsstellen. Der Name
bedeutet „**Fa**milien **S**elbsthilfe **T**raining", Eltern werden angesprochen und rekrutiert, um sie hinsichtlich Erziehung informieren und beraten zu können, auch
gegenseitige Elternhilfen werden ermöglicht. Die Vorbereitung erfolgt an einem
Kompaktwochenende durch das FAST-Team, den lizensierten Trainer*innen. Es
folgen acht Wochen lang Trainings für je maximal 12 Elternteile. Am Ende werden die Eltern „diplomiert" (Eisenhardt 1997, S. 106 ff.). In der Gemeinde wird
die Vernetzung mehrerer FAST-Gruppen angestrebt. Die Angebote von FAST-
USA sind dort wirkungsevaluiert. FAST-Inhalte sind umfänglich: Aktivierung
der Betroffenen, Strukturhilfen, Organisieren von Treffs, Hilfen zur Bewältigung
des Familienalltags und Erziehungsberatung. Wesentlich ist die Formung von
Selbst- und Nachbarschaftshilfe. Nach Pilotphasen in Familien, KiTas und Grundschulen in den 2000er Jahren ist FAST-Deutschland (leider) nicht wesentlich
vorangekommen.

4.2   Soziales Lernen und Friedensunterricht, *Sozialtraining*

Der Unterricht im Grundschulfach Soziales Lernen beinhaltet ein Reihe von Empfehlungen, die sehr der Gewaltprävention dienen können. Auch Lehrer*innen in
Religion und Lebenskunde, später in Ethik tragen eine hohe Mitverantwortung für
das Gelingen entsprechender Schulstunden im Sinn von Friedensunterricht. Expli-
ziert hat dies Petermann in seinem Programm *Sozialtraining in der Schule*. Es
kann von Klassenlehrer*innen selbst umgesetzt werden und reduziert nachweislich die Aggressionen. Geschult werden soziale Wahrnehmung, Gefühle erkennen
und ausdrücken sowie Kooperation statt Kampf und das Einfühlungsvermögen.

4.2.1   Gewaltfreie Kommunikation

Gelegentlich werde ich auch darauf angesprochen, ob nicht der Marshall-B.-
Rosenberg-Ansatz eine „gute Nummer" wäre. Niemand spricht sich aus gegen
Achtsamkeit und Wertschätzung. Habe ich eine entsprechende Kleingruppe, z. B.
einen Waldorf-Kindergarten, ist das Einüben von Giraffen- bzw. Wolfsprache gut
denkbar. In Schulklassen, die bereits etabliert aus dem Kiez eine andere Sprache

mitgebracht haben, erscheint es ziemlich naiv, authentisch und quasi mit Buddha-Mechanismen diese Schicht therapeutisch umzukehren; dies ist auch fast allen Lehrkräften klar; manche haben wie ich erlebt, wie der entsprechende Versuch, eine Gesamtschule fortzubilden kläglich scheitern musste.

4.2.2 Verhaltenstrainings für Anfängerklassen und für Grundschulen

Auch diese Programm kommt aus der Bremer Schule. Tatsächlich sind Petermann und Scheithauer (immer gedacht mit ihren engagierten Teams) deutschlandweit die fleißigsten Entwickler von solchen Projekten. 26 Unterrichtseinheiten sind vorgegeben. Die Trainingsziele sind prosoziales Verhalten, Selbstkontrolle, Probleme lösen lernen, Selbst- und Fremdwahrnehmung der Gefühle, Entwicklung der Emotionen und der sozialen Wahrnehmung. Differenzierter werden die Bremer Ansätze von Schubarth (2010, S. 116–133) beschrieben.

4.3 Drogenpräventionsangebote

Auch Alkoholkonsum hat Auswirkungen auf das Gewaltverhalten; ebenso sind schulbasierte Programme zur Prävention von Suchtgefährdung wirksam. In vielen Bundesländern werden systematisch Lehrer*innen zur Koordination von Sucht- und Drogenangelegenheiten bereitgestellt. Sie leisten oft ohne Stundenermäßigung wertvolle Beiträge für die soziale Gesundheit an und in Schulen.

4.4 Mobbing/Bullying

4.4.1 Die Anti-Mobbing-Fibel

Den Inhalten der Berliner Anti-Mobbing-Fibel, die in der 4. Auflage auch für Brandenburg gilt, muss man nichts hinzufügen. Schon vor 20 Jahren hat der Lehrer und Autor Taglieber eine Handreichung veröffentlichen können, die auf 30 Seiten klärt, was Mobbing ist, wie es sich etabliert, was die Ursachen sind und wie eine Pädagogik gegen Mobbing vorgehen sollte. Taglieber hat Fragebögen für den Unterricht entwickelt und bezieht speziellere Instrumente wie *Smob, Klassenmediation, Das Staffelrad, Farsta* sowie den *No Blame*-Ansatz mit ein.

4.4.2 No Blame Approach

Zunächst wendet sich die Lehrkraft mit Einwilligung der Eltern an das drangsalierte Opfer. Es werden nicht die Vorfälle besprochen, sondern dem Kind wird vermittelt, dass es normal fühlt und agiert. Es wird auch ermittelt, wer hauptsächlich mobbt und wer dabei mitmacht. Im nächsten Schritt wird in Abwesenheit des Opfers mit den Täter*innen geredet. Es geht wieder nicht um Details der Vorkommnisse, sondern es steht der Versuch im Raum, dass Tatbeteiligte verstehen, wie schlecht es diesem einen Kind in der Klasse geht, dass sie entsprechend Mitgefühl bekommen und äußern.

4.4.3 KiVa

Was auf finnisch „gegen Mobbing" heißt, wird KiVa abgekürzt. Seit 2009 setzen es 80 % der Gesamtschulen im Lande um. Man hat herausgefunden, dass die gleichaltrigen Zeug*innen auf den Schulhöfen eine besondere Rolle spielen. Diese stimmen dem Geschehen oft zu und beteiligen die Gemobbten auch nicht an ihren Spielen. Dem Opfer geht es aber schon besser, wenn auch nur eine einzige Peron sie unterstützt. KiVa versucht nicht, die Opfer zu stärken, sondern nutzt die Erkenntnis, dass die Beeinflussung der gleichaltrigen Zuschauer*innen Schlüssel für Veränderungen ist (vgl. Salmivalli, 2011). Die „KiVa-Schule" besteht aus 10 Unterrichtseinheiten für die Klassen 1, 4 und 7. Verwendet werden Projekte, Diskussionen, Gruppenarbeit und Rollenspiele. Auch Filme und Computerspiele gehören zum Programm. Beteiligte Schulen haben ein KiVa-Team bestehend aus 3 Lehrer*innen, die sich auf dem Hof durch besondere Westen zu erkennen geben. Eltern erhalten ein Info-Blatt. Die Schule muss jährlich KiVa-Dokumentationen bereitstellen. An 2 Tagen im Jahr aktualisiert das Kollegium seine KiVa-Kompetenz. Die Evaluationen ergaben, dass KiVa in den Klasen 1–4 Mobbing erheblich reduziert, was in den Klassen 7–9 nicht so deutlich ausfiel. Kinder im Programm mögen ihre Lehrer*innen lieber als Schulkinder, die noch nicht einbezogen sind.

4.4.4 Fit for Life

Es handelt sich um ein soziales Kompetenztraining für Schulen in Großbritannien. Übergeordnetes Ziel ist, im ganzen Land eine „Anti-Bullying-Alliance" gegen aggressive Akte, systematischen Machtmissbrauch, gegen körperliche Gewalt und verbales Drangsalieren, gegen Gerüchteverbreiten, Homophobie und Sexismus zu formen. Um das zu erreichen, wird in den Schulen zunächst bei den „Soft Skills" angesetzt: empathische Interaktionen lernen, gegen soziale Vorurteile antreten, ein positives Klassenklima schaffen, auch Hilfsbereitschaft fördern, *peer support* managen u.v.m.. In Greater London funktioniert dieser evaluierte Präventionsansatz angeblich sehr gut. Ihr Fundament ist, dass in England Schulleiter*innen gesetzlich verpflichtet sind, einer Richtlinie in der Schule gegen alle Formen des Bullying unter Schüler*innen zu folgen.

Fit for Life (Bremen)
Die gleichnamige Bremer Konzeption dieses Präventionsansatzes mit den Autoren Jugert und Petermann im Hintergrund förderte ursprünglich 13–17-Jährige, damit diese besser auf berufliche Erfordernisse vorbereitet sind. Heute setzt es wesentlich weitergehende vielfältige Arbeitsmaterialien ein mit den Modulen Motivation, Gesundheit, Selbstsicherheit, Selbstmanagement, Körpersprache, Kommunikation, Kooperation und Teamfähigkeit, Fit für Konflikte, Freizeit, Gefühle und Einfühlungsvermögen, Lebensplanung, Beruf und Zukunft sowie Lob und Kritik (Feedback). Jedes Modul umfasst einen Fähigkeits- und Kompetenzbereich mit entsprechenden Zielen und Problemlösungen, enthält drei Übungsvorschläge mit interessanten, ansprechend illustrierten Arbeitsblättern und Vorschlägen für die anschließende Auswertung. Die Trainingsmethoden sind auf Transparenz und Mitbestimmung ausgelegt. Das strukturierte Rollenspiel mit Videoaufnahme (z. B. Übung von Bewerbungsgesprächen), die Verhaltensübung in der Realsituation (knüpft an das Rollenspiel an, dort erworbene Erfahrungen werden im Alltag angewendet), soziale Verhaltensregeln mit gezielter Rückmeldung und (Video-)Feedback bilden dabei die wesentlichen Elemente. Eine Trainingsgruppe umfasst, je nach Ziel und Problematik, 6–10 Jugendliche. Das Training sollte innerhalb eines halben Jahres mit einer wöchentlichen Trainingssitzung von 90 Minuten durchgeführt werden.

Der Ansatz der Bremer will sagen: Sozial benachteiligten Jugendlichen im Alter von 12–17 fehlt es oft an basalen sozialen Kompetenzen und einfachen Kulturtechniken, die zur Erfüllung der geforderten Entwicklungsaufgaben in Schule, Ausbildung und Beruf wichtig sind. Oft scheitern sie am Schulabschluss, bei der Lehrstellensuche oder innerhalb der Berufsausbildung. Sie haben Schwierigkeiten mit dem Aufbau von Partner*innen-Beziehungen und den Rollen, die unsere Gesellschaft für sie bereithält, ihnen aber auch abverlangt. Ohne effektive Förderung geraten sie oft in eine Abwärtsspirale und entwickeln Scheinkompetenzen, die sich in Aggressivität, Delinquenz, Alkoholismus und Drogenabhängigkeit zeigen.

4.4.5   Fairplayer

Zu den sehr gut evaluierten Angeboten gehört der *fairplayer* aus der Feder von Scheithauer u.a. (FU Berlin), wobei nicht zufällig viele Bezüge zu älteren und anderen Angeboten aus Bremen (Petermann – dort war Scheithauer-Schüler) anklingen. Der *fairplayer* wird gut verbreitet, da der Sponsor Deutsche Bahn das fördert. Es geht um die Umsetzung des Manuals in den Klassen 7 bis 9, die unterrichtsbegleitend zur Förderung sozialer Kompetenzen und zur Prävention von Bullying eingesetzt wird. Im Rahmen des Programms entwickelte Materialien und Methoden beziehen sich neben der grundsätzlichen Auseinandersetzung mit dem Thema Gewalt, Bullying/Mobbing und Zivilcourage auf entwicklungsorientierte Förderung sozialer Kompetenzen, moralische Sensibilität der Jugendlichen und unterschiedliche, am Bullyingprozess beteiligte soziale Rollen. Im Anschluss an eine *Lehrerfortbildung* wird die Maßnahme gemeinsam von Lehrer*innen und *fairplayer.teamern* umgesetzt. Auch die Eltern werden im Rahmen von zwei Elternabenden informiert und einbezogen. Etwa 16 Doppelstunden dauern die Einheiten, die zivilcouragiertes und prosoziales Handeln fördern, soziale Kompetenzen stärken und persönliche Verantwortungsübernahme unterstützen. Rollenspiele fördern Empathie und kognitive Perspektivenübernahme. Modelllernen, soziale Verstärkung und Verhaltensfeedback werden nach Vorgabe der Verfasser*innen eingesetzt, um kognitive, emotionale, soziale und moralische Kompetenzen auszubauen. Mithilfe der Dilemmata-Methode wird den Schüler*innen eine altersgerechte Konfliktsituation geboten, die anhand eines strukturierten Leitfadens von ihnen in einer Gruppendiskussion bearbeitet wird. Mithilfe verschiedener Medien erfolgt eine breit angelegte Wissensvermittlung.

4.4.6   Präventionsbeauftragte Polizist*innen

Zumindest aus drei Bundesländern ist mir bekannt, dass motivierte Polizist*innen sich dafür stark machen, im Rahmen von Mobbing-Prävention ein oder zwei Unterrichtseinheiten in die 7. Klassen der Gesamt- oder Sekundarschulen zu tragen. Das kann gelingen, weil diese Beamt*innen schließlich nicht zuständig sind für diese Art Klassenkampf; aber am Rande können auch zahlreichen Infos zu Gewalt, Strafmaß, Arrest und Opferproblematik vermittelt werden unter Einsatz der Autorität der Uniform.

4.4.7 I share gossip/Happy slapping

Zu den ziemlich brutalen Formen von Mobbing per Eletronik, Internet und Smartphone gehört das *Happy slapping.* Gelingt es Schüler*innen, Fotos oder Filmaufnahmen von Gleichaltrigen in peinlichen oder sexualisierten Posen zu speichern, können sie diese unmittelbar Freund*innen zeigen zu Demütigung der Opfer, oder übers Internet mittels *(a)sozialer Medien* verbreiten.

I share gossip war und ist eine solche Software, die es Teilnehmenden ermöglicht, Klatsch („ich teile Klatsch"), Unfug, Erlebtes sowie Fakes einzugeben, auch mit Namensnennung und hinter dem Rücken der so Denunzierten zu verbreiten. Es gelangte ab USA/England an deutsche Gymnasien bis hinunter in ältere Grundschulklassen. Krisenteams an Oberschulen ist es gelungen, bestimmte Schüler für den Kampf gegen die peinliche, aber auch gefährlich demütigende Software zu gewinnen. Durch Druck, Diskussionen, Verstopfung der Software und auch durch Abnutzung verlor die gemein-unanständige *App* bald an Bedeutung.

Projekte der primären und sekundären Prävention sowie „Pakete" 5

5.1 Pakete

Der Markt an Materialien zur Gewaltprävention enthält häufig auch Zusammenstellungen von Angeboten, wobei hier nicht gemeint ist, dass ein Träger verschiedene Dinge nebeneinander zum Kauf anbietet. Unter Paket verstehe ich hier eine zusammengehörige, integrierte Leistung, ob unmittelbar im Ansatz, oder ob im Prozess der Umsetzung als Medienwechsel.

5.1.1 Der Mehrebenenansatz von Olweus

An der Uni Heidelberg wirkt z. B. ein deutsches „Olweus-Team", dass die norwegisch-schwedischen Erkenntnisse mit übersetzt hat. Olweus, mehrfach gut evaluiert, setzte auf das systematische, parallele Einwirken auf allen drei entscheidenden Schulebenen, wenn es generell um Gewaltreduktion und nicht nur um „Mobbing" geht: erste Schulebene meint Haus, Schulleitung, Gremien/Schulkonferenz, Kollegium in Kooperation mit Eltern und Steuerungsgruppe (Krisenteam), das sich alle 4 Wochen für 90 Minuten trifft – also all das was das Schulklima ausmacht. Ohne Entwicklung des Schulklimas geht nichts. Die zweite Ebene sind die Klassen, die mehr oder weniger Probleme bereiten. Dort beginnt die Arbeit aber erst, wenn nach der Gesamterhebung über Fragebögen die Gewaltproblematik eingeschätzt ist und ein „pädagogischer Tag" gelaufen ist. In der Klasse werden Regeln erstellt, z. B. Gebote wie nicht zu mobben, aber zu helfen und Ausgegrenzte einzugliedern. Kinder legen Sanktionen selbst fest.

M. Günther, *Gewalt an Schulen – Prävention*, essentials, https://doi.org/10.1007/978-3-658-32579-4_5

Sind einzelne sehr auffällig, geht es zur dritten Ebene: es werden Einzelgespräche, Gruppengespräche, Kontrakte vereinbart. Nur im schlimmsten Fall wird die sonst ja auch übliche Versetzung in andere Klassen oder Schulen organisiert. Einen Überblick verschafft die dazugehörige Infomappe. Bei Bedarf kommen Trainier*innen in *Ihre* Schule.

5.1.2 Das Programm des Buddy e. V.

Während das beschriebene Anti-Bullying ein ganzheitliches Schulprogramm mit passenden Bausteinen ist, finden wir beim Ansatz des Buddy e. V. ein Konglomerat aus sehr verschiedenen Ansätzen und Zugängen. Die Lehrer*innen-Ausbildung dauert etwa zwei Jahre. Dann sollten diese Lehrkräfte ihr Wissen verbreiten, über Schulkonferenzen und Elternabende, und auch anregen, passende Ideen der Buddy-Leute umzusetzen, so den Klassenrat oder die der Streitschlichter. Im Mittelpunkt steht aber eine Empfehlung, wie früh in Grundschulen neue, schwächere, isolierte, auffällige oder gewalttätige Kinder begleitet werden können. Das Peer-to-Peer-Konzept möchte nämlich erreichen, dass solche Kinder *Paten* bekommen, etwas ältere, resiliente und dafür ausgebildete Mitschüler*innen, eben die *Buddys*. Dank des Social Sponsorings der Vodafone-Stiftung konnte der Buddy e. V. sein Angebot schon in über 1000 Schulen indirekt implementieren, vor allem als Landesprogramm in Niedersachsen, Hessen, Berlin und Thüringen. Dort wo es „von oben" angeordnet worden ist, ist z. T. unten im Lehrkörper Widerstand entstanden. Buddy ist prozessevaluiert, das heißt man achtet sorgfältig auf die Einhaltung aller Schulungsschritte.

5.1.3 „Unterrichtsbausteine zur Gewalt- und Kriminalprävention in der Grundschule" des LKA Mecklenburg-Vorpommern

Bereits 2004 lieferte das Land den Grundschulen einen respektablen Ordner mit vielfältigen Unterrichtseinheiten zur Prävention, sprachlich auf dem Niveau von Grundschulkindern. Damals fehlte aus meiner Sicht nur ein Kapitel zur Häuslichen Gewalt, ansonsten war das Paket vorbildlich und konkurrenzlos. 2019 erscheint eine ziemlich neue Fassung mit erweiterten Themenbereichen, neuem Material und vielen Bildern. Die Polizei hat den Hut auf, das Bildungsministerium wirkte mit. Das makellose Werk hat 218 Seiten – nun ja, dass im Deutschen der Genitiv keinen Apostroph verträgt und im Englischen der Plural schon gar nicht, ist nicht ganz bis Schwerin vorgedrungen, sonst bekäme das Werk eine glatte 1+!

5.1.4 Klasse Klasse

Das Projekt trainiert soziale Kompetenzen, stärkt die Klassengemeinschaft und fördert die sogenannte Selbstwirksamkeit. Es handelt sich um ein Spiel für Grundschulklassen. Täglich wird eine Einheit gespielt; die Themen sind unterschiedlich, da geht es um Suchtprävention, Gewalt, um Bewegungsförderung/ Gesundheit und auch um Ernährungstipps. Die Uni Gießen evaluierte: Klassengemeinschaft wird gestärkt, ein angenehmes Lernklima entsteht.

5.1.5 Lions Quest

Im Namen des Präventionsprogramms liegt der wohltätige Förderer: Es engagiert sich der Lions Club. Er hat das Curriculum ausarbeiten lassen, das Lehrbuch gedruckt und sorgt dafür, dass Lehrer*innen sich an einem langen Wochenende die Methode aneignen. Danach kann die Lehrerfortbildung der Region Lions-Angebote begleiten. Das alles kostet pauschal nur 50 €. Zunächst – so habe ich es gelernt – ging es nur um die Klassenstufen 6–8; inzwischen gibt es auch ein aufbauendes Programm für Altere.

LionsQuest will das Erwachsenwerden hervorheben, markieren, begleiten und mit seinen Schwierigkeiten erfassen. Drogenprävention spielt dabei eine wichtige Rolle. Aber es sind zunächst die existenziellen Fragen der Pubertierenden: wer bin ich, welche Qualität haben meine Freundschaften, was habe ich für einen Körper, was für eine Persönlichkeit? Kann ich ggf. Gruppendruck statthalten? Wie läuft es mit meinen Eltern, gibt es Verständnis und wenn nein, welche Konflikte stehen immer wieder an? Es geht um Zukunft, auch in beruflicher Hinsicht und um Reife und um bewusst angestrebtes Erwachsenwerden. LionsQuest ist prozessevaluiert; Langzeitstudien wären in diesem Kontext schwer machbar.

5.1.6 *Abseits,* Medien der polizeilichen Kriminalprävention (ProPK)

Abseits?! ist ein Film zur Gewaltprävention für Schüler*innen ab 9 Jahren; er besteht aus 6 Episoden, die sich befassen mit Gewalt, Körperverletzung,

Raub/Erpressung, Sachbeschädigung/Graffiti und Zivilcourage. Man kann das Begleitheft kostenlos downloaden und die DVD kostenlos in Stuttgart oder bei jedem Polizeiabschnitt (Beratungsstelle für Kriminalprävention) anfordern. Die ersten 5 Episoden sind durch Lehrkräfte aufzuarbeiten (formulierte Lernziele liegen an sowie Hilfen zur Unterrichtsplanung); die 6. Episode spricht für sich und dient dem Opferschutz. *Heimspiel* ist ein weiteres Medienpaket mit einer DVD und dem Begleitheft. Seine Themen sind Gewalt und Körperverletzung. Es wurde für den Einsatz in der außerschulischen Jugendarbeit entwickelt. Die Zielgruppe sind gewaltgeneigte und durch Gewalttaten bereits auffällig gewordene junge Menschen ab 14 Jahren. Das Begleitheft dient als Orientierung für eine Nachbesprechung des Filminhalts mit der Zielgruppe. Der Kurzfilm „Heimspiel" erzählt die Geschichte des Ethiklehrers Andreas Vossen, der seine Freizeit als Hooligan verbringt. Seine beiden Leben sind sauber von einander getrennt, bis ihn ein Schüler als Hooligan erkennt. Am Ende stehen sich Lehrer und Schüler im Kampf gegenüber. Der Film wurde 2009 mit dem „Preis der deutschen Filmkritik" als bester deutscher Kurzfilm ausgezeichnet.

Gewaltvideos auf Schülerhandys ist ein Info-Blatt für Lehrkräfte, Eltern und andere Erziehungsverantwortliche.

5.2   Einzelprogramme

5.2.1 Faustlos

Das Programm aus den USA wurde in Heidelberg von Cierpka u. a. auf deutsche Verhältnisse übertragen. Es enthält 51 Lektionen für 3 Grundschuljahre, angereichert mit Rollenspielen. Es geht um Impulskontrolle, Empathie, Probleme lösen, um Hilfe bitten lernen und um den Umgang mit Ärger und Wut – wie der Name schon vermuten lässt. Bei den psychologischen Techniken geht es um Impulskontrolle, die durch zwei Strategien gefördert wird: interpersonelles kognitives Problemlösen und Training sozialer Verhaltensfertigkeiten. Problemlösen erfolgt durch die Vermittlung systematischer Gedankenschritte, die in sozialen Situationen eingesetzt werden. Die Wahrnehmung der Auslöser von Ärger soll mit dem Gebrauch positiver Selbst-Verstärkungen und Beruhigungstechniken verbunden werden. So können Wutanfälle verhindert werden. Evaluation: in der Grundschule verbessert *Faustlos* die Empathiefähigkeit der Kinder und sorgt für bessere gewaltfreie Interaktion unter den Peers.

5.2.2 Wir stärken Dich

Bezogen auf die Grundschule wird ein Handbuch für 35 € verkauft. *Wir stärken Dich* ist gemeinnützig und widmet sich nicht nur der Gewaltprävention. Im Handbuch werden 18 Bausteine gezeigt, die „das gesamte Feld" der Gewaltprävention – angeblich – abdecken. Vor allem geht es aber um Förderung des sozialen Lernens, Konflikte konstruktiv bearbeiten und um Handeln in Gewaltsituationen.

5.2.3 Job Fit-Training

Ebenfalls aus der Petermann-u.a.-Schule stammt dieses strukturierte Schülertraining. Psychologie-Studierende unterstützen die Lehrkräfte, wenn die 90-minütigen Themenblöcke unterrichtet werden. Zielgruppe sind Schüler*innen der 8. und 9. vor dem Übergang in Ausbildung und Beruf; eigenen Angaben zufolge ist es effektiv und fördert sozial-emotionale Kompetenzen: Selbstwirksamkeitserfahrungen, Selbst- und Fremdwahrnehmung, Impuls- und Selbstkontrolle, Umgang mit Lob, Kritik und Misserfolg.

5.2.4 Target

Es wurde an der Uni Konstanz entwickelt; zunächst waren Erwachsene im Blick; später hat die FU Berlin im Rahmen des Forschungsverbundes jugendliche Einzeltäter fokussiert. Die Abkürzung steht für *Tat- und Fallanalysen hochexpressiver zielgerichteter Gewalt*. Neben Wissenschaftler*innen aus Psychologie, Kriminologie, Psychiatrie/Forensik, Soziologie und Pädagogik sind auch Institutionen aus der Praxis einbezogen – etwa Polizei und Medienverbände. Auch die Unis in Gießen und Bielefeld sind dabei. Die Forscher*innen analysieren „…alle deutschen Fälle hochexpressiver, zielgerichteter Gewalt durch jugendliche Einzeltäter (Amok, School Shooting, terroristische Einzeltaten) unter verschiedenen Perspektiven". Ziel dabei ist es, den Entwicklungsprozess im Vorfeld einer Tat und den Tatablauf zu beschreiben und interdisziplinär konsensfähige, empirisch-begründete Entwicklungsmodelle zu erarbeiten. In einem zweiten Schritt sollen diese Vorfälle ähnlichen Taten gegenübergestellt werden: Hierfür werden Vergleichsgruppen wie Amokläufe von Erwachsenen, terroristische Anschläge von Einzeltätern und Tötungsdelikte von Jugendlichen definiert und Vergleichsfallanalysen vorgenommen, um mögliche Risikofaktoren zu überprüfen" (Zitat vgl. www.target-projekt.de). Aus dem Vergleich bisheriger Taten jugendlicher Einzeltäter sollen Erkenntnisse für die Gewaltprävention abgeleitet werden.

5.2.5 Brummi

Die Bärenpuppe *Brummi* ist Maskottchen eines Polizeiprojekts. Der 130 cm große Präventionsbär ist Symbol für das Angebot und kommt mit in 3. Grundschulklassen mit je zwei Verhaltenstrainer*innen. Man spricht mit den Kindern über Gewalt, Körpersprache und befähigt zum Nein-Sagen. Inzwischen hat die Behörde auch eine Hörbuch-CD gefertigt und ein Musikspektakel in einem Planetarium gezeigt.

5.2.6 Bleib locker!

Natürlicherweise kümmern sich große Krankenkassen um Gesundheitsförderung, und die Unfallkasse sorgt sich um Verringerung von Schadensereignissen in Schulen und auf Schulhöfen. Das Projekt *Bleib locker* stammt von der Techniker Krankenkasse und richtet sich an Kinder von 8–10. Inhalte sind vor allem Entspannungsübungen. Zwei Elternabende gehören dazu.

5.3 PIT

Prävention im Team ist erfolgreich prozessevaluiert. Bei dem besonderen, komplexen Ansatz ist die Wirk-Überprüfung gar nicht möglich. Die Ausgangsidee ist, dass sich verschiedene Berufe und Fachkräfte treffen, um in gemeinsam abgestimmten Schritten ausgewählte Unterrichtsbeispiele und Materialien zur Prävention gegen Gewalt, Sucht und Eigentumsdelikte in die Schulen zu tragen. PIT will flankierend die Persönlichkeitsbildung der Zielpersonen fördern. Das Team arbeitet in Schulen der Klassenstufen 5–8, entfaltet in Schulen „Teamübungen" und besteht aus Polizeiangehörigen (Jugendkontaktbeamt*innen), Sozialpädagog*innen und anderen Expert*innen. Es wurde vor 20 Jahren in Schleswig-Holstein entwickelt; heute wird es auch in Hessen, Sachsen und Bayern eingesetzt. Ein Beispiel aus Sachsen: zuletzt wurden Schüler*innen der Klassen 5 bis 11 durch ein Team (dem Fachdienst Prävention, dem Gesundheitsamt und dem Landesfilmdienst Sachsen) über 90-minütige Veranstaltungen zum Thema Cybermobbing, Mediensucht, Hass im Netz und Fake-News geschult.

5.4 Das Haus des Jugendrechts

Etwas außerhalb der Techniken und Methoden steht das besondere Angebot der einschlägigen Verwaltungen der Stadt Stuttgart. Bedenkt man, dass viele Jugendliche parallel von diversen Behörden angefragt werden (Jugendhilfe, Schule, Justiz,. Polizei, Gesundheit…) und verfolgt man gleichzeitig die Orientierung, dass wir zu den zuständigen Dienste kurze Wege haben sollten, um strategische wie fallbezogene Arbeiten abgestimmt im Blick zu haben, dann kann die Idee entstehen, dass ein solcher Kolleg*innenkreis unterschiedlicher Kernaufgaben doch auch Vertretungen in einem gemeinsamen Haus haben sollte. In diese Richtung ging auch *meine* jahrelange Arbeit in einem Beratungszentrum, das Schulpsychologie, Beratungslehrer*innen, Erziehungs- und Familienberatung, Kita-Beratung, Jugendberatung sowie Kinder- und Jugendpsychiatrie auf einem Flur bereit stellte. Ausgangspunkt des Hauses des Jugendrechts in Stuttgart ist seit 1999 der Gedanke, die Einführung des Wohnortprinzips zu verknüpfen mit der Ansiedlung von Staatsanwaltschaft, Polizei, Jugendgerichtshilfe und Amtsgericht (Stuttgart-Bad Cannstatt) sowie das Jugendgericht in einem gemeinsamen Haus. Das damalige Pilotprojekt war offenbar sehr erfolgreich. Man kann sicher nicht von tertiärer Prävention sprechen, da vor allem die Kooperationsmöglichkeiten der Fachkräfte verbessert werden und Auswirklungen auf die „Fälle" nicht messbar sind. Köln, Marburg, Frankfurt am Main, Ulm und Mannheim sowie Leipzig haben ebenfalls solche Häuser inzwischen errichtet. Junge Intensivtäter oder Kandidaten für die Diversion, der Täter-Opfer-Ausgleich und andere Delinquenten-Aspekte können konzentriert bearbeitet werden.

Projekte der sekundären und tertiären Prävention sowie Schulmediation

6

Vergleichbar damit, dass es sehr schwer ist, Soziales Lernen und Primärprävention auseinanderzuhalten, sehen wir beim Differenzieren von indizierter und selektiver Prävention im Kindes- und Jugendalter viele Übergänge, also eine Unschärfe für Anhänger*innen sauber getrennter Kategorien. Wir listen in diesem Kapitel Konfliktlotsenarbeit und Schulmediation mit auf, wenn auch die Institution als solche – nehmen wir einmal den Anblick einer Friedenshütte auf dem Schulhof, in dem bei Bedarf die vermittelnden Gespräche stattfinden – primärpräventive Effekte zeigen kann. Tatsächlich setzt ja Mediation nicht zuvorkommend an, sondern befasst sich mit Beschuldigten, mit Täter*innen und Opfern.

Bei den tertiären Projekten fällt es manchmal schwer, sie von expliziten Psychotherapieprojekten zu trennen. In der Selbstdarstellung, vielleicht auch auf der Suche nach entsprechenden Kostenträgern, wird dann von Gewaltprävention gesprochen; in der Praxis aber erfolgt nicht selten Einzeltherapie im Rahmen einer Kommstruktur.

6.1 Schulmediation und Konfliktlotsen

Nach meinem Gefühl gilt als der älteste Ansatz unter den Schulpräventionsvorhaben in Deutschland das Bereitstellen von unterschiedlichen Instrumenten zur Konfliktmediation im schulischen Kontext, bezogen auf die Interaktion unter Schüler*innen und (selten) auch bezogen auf Lehrkraft-Lehrling, aber das wird eher verworfen wegen des Machtgefälles. Frühe Vorschläge lieferte schon Hagedorn mit ihren „Konfliktlotsen" 1995; zur gleichen Zeit veröffentlichte Jefferys ihren Streitschlichter"-Ansatz für die Klassen 3–6 und zeigt ihn umfänglich und

M. Günther, *Gewalt an Schulen – Prävention*, essentials, https://doi.org/10.1007/978-3-658-32579-4_6

differenzierend als programmiertes Lehrbuch (Jefferys-Duden, 1999). Das Konzept der Mediations-Ausbildung entstand bereits in den 1960er Jahren in den USA im Kontext Trennung/Scheidung zur Vermeidung von Gerichtsverfahren bzw. um im Vorfeld möglichst viele Aspekte einer Checklist einvernehmlich geregelt zu haben. Mediation ist kostengünster als Anwaltskosten. Die Anwendungsbereiche weiteten sich aus und die Idee gelangte über den Atlantik auch nach Deutschland. „Allgemeine" Mediation ist in beliebigen Feldern einzusetzen. Idealerweise steuern zwei zusatzausgebildete Fachkräfte, z. B. Psycholog*in und Jurist*in eine Auseinandersetzung zwischen zwei Kontrahenten, die völlig freiwillig in Vorgesprächen erklären, diese Methode nutzen zu wollen. Die Arbeitsschritte sind immer gleich: man sitzt an einem möglichst großen Tisch zu viert, das Gespräch wird eingeleitet, die Sichtweisen der einzelnen Konfliktpersonen werden gehört, während der Konflikterhellung sollen auch verborgenen Gefühle, Interessen und Hintergründe offenbart werden, dann werden Lösungsmöglichkeiten gesammelt, bevor schließlich eine Übereinkunft getroffen wird. Der Einsatz in Schulen ist überaus beliebt, denn diese Form der Konfliktverarbeitung vermag es immer wieder, gewaltfreie, konstruktive und dauerhafte Lösungen zu liefern – mit einem ganz besonderen Effekt, dass Kompetenzen und Konfliktfähigkeit gleichermaßen bei den (Minderjährigen) Mediator*innen wie bei den sich Streitenden weiterentwickelt werden. Denn in Schulen nutzen wir die „selbstheilenden Kräfte" der Peers, die vielleicht zwei Jahre älter sind, aber eben nicht professionell, erwachsen, besserwissend. Die Besserwisser werden sehr gebraucht und eingesetzt, nämlich um Konfliktlotsen oder Streitschlichter*innen auszubilden, bereit zu stellen, zu beraten und zu coachen. Und das zuständige Lehrpersonal hält die Gruppe der kleinen, vermittelnden Friedensrichter*innen zusammen, lobt sie und fördert dieses Potenzial nach Kräften. In den meisten Modellen dürfen erst 3./4.-Klasse-Kinder den Job lernen, wechseln sie die Schule, nach der 4., sind Ressourcen schnell verbraucht, denn auch wenn es erst nach der 6. erfolgt muss wieder Nachwuchs rekrutiert werden. In den Oberschulen wird weniger intensiv mit diesem Ansatz interveniert; was in Klassen 5 und 6 noch ohne weiteres möglich wird, erscheint ab Klasse 7 komplizierter, und noch ältere Jahrgänge – die Pubertät lässt grüßen – haben einen ruppigeren Ton, speziellere kulturelle Jugendcodes und bewegen sich meist außerhalb unserer pädagogischen Intentionen. Wir sind uns doch einig: ab 13-Jährige kann kein Mensch mehr erziehen.

6.2 Einzeltherapie als indizierte Prävention

Vermutlich gibt es deutschlandweit, je nach Region und Delinquenzhäufigkeit, jugendhilfefinanzierte Angebote von Trägern, die über Einzel- und Kleingruppentrainings sich darum bemühen, dass die auffälligen Schüler*innen reintegriert werden und später nicht mit weiteren Straftaten auffallen. Die Zielpersonen werden nicht selten von Schulen oder der Schulsozialarbeit, manchmal sogar von der Präventionspolizei den Projekten direkt gemeldet, wenn diese Kenntnisse darüber besitzen, über Infomaterial oder *Notfallpläne* und darüber, dass Projekte sich kümmern könnten. Typisch und beispielhaft werden hier zwei Träger tertiärer Prävention kurz beschrieben.

6.2.1 Denkzeit

Bereits seit 1998 helfen in Berlin Vorläufer der Denkzeit-Trainingsprogramme (seit 2003 auf dem Markt) als tiefenpsychologisch ausgerichtete, sozialkognitive Einzeltrainings für deviante Kinder und delinquente Jugendliche, Heranwachsende und Erwachsene. Die Laufzeit der meisten Programme beträgt 7–9 Monate. Diese gezielten Interventionsstrategien sollen den Klienten befähigen, sich in zwischenmenschlichen Situationen besser als bisher zurechtzufinden und Konflikte sozial angemessen zu lösen. Eine Eigen-Evaluation ergab, dass das Denkzeit-Training im Sinn der Delinquenzreduktion signifikant nachhaltig wirkt. Damit hat sich auch ein psychoanalytisch basiertes Behandlungssetting in die früher gemiedenen Sozialräume von Verwahrlosung und Delinquenz gewagt.

Bei *Denkzeit-präventiv* handelt es sich um ein prototypisches indiziertes Gewaltpräventionsangebot an Schulen. In 60 Fachleistungsstunden werden 13–16-Jährige mit aggressiven Durchbrüchen und/oder Reifeverzögerungen, die ausreichend deutsch sprechen und nicht drogen- oder alkoholabhängig oder geistig behindert sind trainiert. Gefördert werden solche sozialkognitiven Kompetenzen, die als Schutzfaktoren gegen Dissozialität bekannt sind: Perspektivübernahme, Antizipation der Folgen eigenen Handelns, Affektsteuerung sowie Entwicklung eines moralischen Bewusstseins. Trainer*innen können Sozialwissenschaftler*innen aller Art werden. Lehrer*innen oder Schulpsycholog*innen sollten als Ansprechpartner zur Verfügung stehen, woraus aber eine Verschwiegenheits-Problematik für Psychotherapeut*innen auf der einen Seite, Schule und Jugendhilfe auf der anderen entstehen könnte.

6.2.2 Tesya

Als Antigewalttrainer*innen werden vor allem Sozialpädagog*innen, Erzieher*innen und andere Pädagog*innen eingesetzt. Dieser Ansatz „genderreflektierter Gewaltprävention" verspricht, keine „heißen Stühle" oder andere demütigende Coolness-Trainings-Elemente einzusetzen. Das Konzept sieht systemischlösungsorientierte Einzel- oder Gruppentrainings vor. Es geht um Schüler*innen, die schnell aggressiv werden und sich selbst oder andere gefährden und um solche, die eine Weisung gem. JGG erhalten haben. Das Projekt der IFGG gGmbH hat mich immer beeindruckt, weil es sich proaktiv bemüht, Sorgeberechtigte und andere *Bezugsbetreuer* einzubeziehen sowie Eltern-Coachings anzubieten. Wie anders wollen wir denn die Delinquenz von Kindern mit Migrationshintergrund angehen, ohne die Väter, Onkel und Brüder einzubeziehen? Bei *Tesya* werden reichlich Rollenspiele angeboten, Täter-Opfer-Aufstellungen, Übungen zu Empathie- und Perspektivübernahme sowie Entspannungsverfahren.

Sehr besonders ist wohl ein weiteres Angebot, *Tesya-Deaf* für gehörlose Jugendliche, ressourcenorientiert, bei schwieriger sozial-emotionaler Entwicklung bzw. bei stark aggressivem Verhalten.

6.3   Coolness Trainings, *Anti-Aggressionstrainings, AGT*

In Deutschland hat der Psychologe Weidner (2008), der heute Management-Coaching betreibt, besondere Methoden und Techniken der konfrontativen Pädagogik, die z. T. aus der Glen-Mills-Schule (siehe S. 45) stammen, zunächst als Psychologe in die Jugendhaftanstalt Hameln getragen und später über ein privates Weiterbildungsinstitut – dem IKD – mit dem Kollegen Gall gelehrt und/oder verkauft. Die drei Begriffe stehen für ähnliche und/oder identische Ausbildungsinhalte, Fähigkeiten und Kenntnisse. Neben dem IKD werben auf dem deutschen Markt noch fünf weitere Institute, die ich kurz vorstellen möchte, ohne auf verschiedene und ähnliche Techniken und Methoden eingehen zu wollen, denn alle Details finden Sie auf deren Internetseiten.

In Frankfurt war das renommierte, größere ISS zunächst schneller als Gall und fixierte *eigetragene Warenzeichen* für AAT und CT, was damals eine gewisse Mode auslöste. Gewaltpräventionsverfahren selbst der Polizei traten plötzlich auch Logo-bewusst mit einem ® auf. Lehrende des ISS kommen meist aus Psychologie, Sozialwissenschaften, Kampfsport und Kriminologie. Standardkursspläne laufen über 16 Tage in 1,5 Jahren.

Konkurrent und Konfrontativpädagoge Sandvoß bietet das SAGT an, systemisch, und erwähnt sprachzynisch „…sie erlernen unterschiedliche Verhaltensoptionen im Umgang mit *Sozialarbeiter gesättigten* Kindern, Jugendlichen …"

Schließlich gibt es noch das Krämer-Training in seiner SysAGT - Weiterbildung. Dort erhielt der „Konfrontative Stil (KonSt)" ein ®, den Titel können Sie nach 250 h erhalten.

In der Gewalt Akademie Villigst wird ebenfalls die „Konfrontative" nach Gall (dem das IKD gehört) angeboten; dort sind Sie in 18 Tagen *Deeskalationstrainer;* leider ohne Psycholog*innen im Team, aber mit Boals *Theater der Unterdrückten.*

Schließlich gibt es eine ähnliche Ausbildung mit ähnlichen Titeln im DIK AAT Coolness-Training (mit Weidner-Lizenz) mit Sport (Karate) und Psychologie. Inhaber ist Schanzenbächer; der Abschluss-Titel lautet *Aggressivitäts-Trainer/in*®.

6.3.1 Der heiße Stuhl

Häufig wird über dieses besondere Instrument im Rahmen von Coolness-Trainings gestritten. Vermutlich kommt es darauf an, wer ihn inszeniert. Beschuldigte werden in die Mitte eines Raumes platziert, die Gruppe anderer Häftlinge oder Schüler*innen sitzen m Kreis herum und konfrontieren mit den Vorhaltungen, so heftig sie wollen und können. Die Moderation muss ein Gespür dafür haben, wie weit man bei der speziell angeklagten Person gehen kann bzw. gehen muss, um ihr das ungeheuerliche Tatverhalten endlich bewusst zu machen.

6.3.2 Play Back-Methode

Konfliktlösung live: praxisbezogene Konfliktlösungsideen im Jugendfreizeitheim, in der Jugendarrestanstalt oder unter Umständen in Schulen können situativ von mutiger Regie auf die Bühne gebracht werden, wenn unmittelbare, heftige Konflikte unter Anwesenden drohen auszuufern. Mit einem *Stopp!* kann der/die Soziapädagog*in/die Lehrkraft den Tumult etwas dämpfen; sie muss gut improvisieren können und in einer gut gesteuerten Rollenspieldynamik über Anwesende mit Spiellust die Konflikte erneut und anders auf die Bühne bringen, damit in der Spiele-Auswertung die eigentlichen Streithähne einsichtig und kompromissfähig werden.

Die Gruppe spielt einen Konflikt und dessen Beilegung nach Art des Playback-Theaters (unterbrechen, Ideen hineinrufen, weiterspielen): wenn eine Methode oder Intervention nicht funktioniert, dann wird reflektiert, was beobachtet wurde und es wird eine andere Vorgehensweise ausprobiert.

6.4   AIB – *Ambulante intensive Begleitung*

Recht bekannt ist das Projekt zur Verhinderung von *Wiederholungstätern* in Dortmund und Nürnberg. Kostenträger ist die Jugendhilfe gem. § 35 SGB VIII, *Intensive sozialpädagogische Einzelbetreuung,* was einer kreativen, wohlwollenden Interpretation dieser Erzieherischen Hilfe gleichkommt, denn man könnte die Justiz verantwortlich machen. Voraussetzung für die Aufnahme ins Programm ist ein instabiles Umfeld, aus dem sozialen Netz gefallen sein, Probleme mit Eltern und Polizei und Job oder Schule haben und/oder von Obdachlosigkeit bedroht sein.

Selten kümmert sich Jugendhilfe noch um diese Zielpersonen (selbst wenn sie selbst aktiv bereit sind mitzumachen) im Alter von 17 bis 21, aber wenn das Jugendgericht oder die Bewährungshilfe anruft, wird offenbar geholfen. Nach einer dreimonatigen Intensivphase folgt die Nachsorge, die ein Jahr dauern kann. So wird ein Weg aus der Krise, eine Wohnung und ein Job gefunden sowie Delinquenz-Wiederholung vermieden.

6.4.1   Fallschirm

Es handelt sich um ein jugendhilfefinanziertes ambulantes Angebot für straffällige und/oder schuldistanzierte Kinder und Jugendliche. Träger ist das Sozialpädagogische Institut der AWO Berlin. Ziel ist es, die sozialen Kompetenzen der Kinder und Jugendlichen zu stärken und sie dabei zu unterstützen, ihre individuellen Entwicklungsanforderungen zu bewältigen. Die Kinder bzw. Jugendlichen kommen über ein Hilfeplanverfahren in die Betreuung. Folgende Zielgruppen werden angesprochen:

- straffällig gewordene Kinder und Jugendliche,
- *kiezorientierte Mehrfachtäter und Intensivtäter,*
- Schüler*innen, die verhaltensauffällig bzw. schuldistanziert sind.

Methodisch setzten die Mitarbeiter*innen auf eine konsequente, konfrontierende Pädagogik mit hoher Verbindlichkeit und klaren Grenzen sowie auf gute Erreichbarkeit in der Krise. Herangezogen wird auch ein Kompetenztraining namens *fairhandeln*. Ziele der Arbeit am unangepassten Kinde sind Entwicklung eines positiven Selbstbildes und Impulskontrolle, Reintegration ins Schulsystem, Aufgeben von Straftaten. Eine Evaluation liegt nicht vor.

6.5   Täter-Opfer-Ausgleich und Diversion

Das im Erwachsenenrecht bekannte Angebot des Täter-Opfer-Ausgleichs (inzwischen auch vielerorts genderneutral „Tat-Ausgleich") wurde auch auf Jugendliche übertragen und schließlich organisierte man in einigen Bundesländern zusätzlich die Diversion. Die Maßnahmen unterscheiden sich darin, dass bei Diversion kein Staatsanwalt von der Anzeige hört, denn sie erscheint der Polizei als so geringfügig, dass man unterhalb der Schwelle mit sozialarbeiterischer Hilfe die am Tathergang beteiligten Personen an einen Tisch bekommt, um sich zu vertragen – das kann mediativ über Schmerzensgeld, einer Bitte um Entschuldigung oder auch soziale Arbeitsstunden laufen. Der TOA/TA wird als Akte von der Staatsanwaltschaft angeregt und ihr ist es überantwortet, Ausgleichsvorschläge zu akzeptieren, damit eingestellt werden kann.

6.6   Dienen *Schulersatzprojekte* und *Schulstationen* der Gewaltprävention?

Besondere, in der Regel kleine Schulen gab es wohl schon immer. Sowohl in der DDR als auch in Westdeutschland existierten in Kinderpsychiatrischen Kliniken oder Kinder- und Jugendheimen solche internen Klassen, die von Lehrkräften unterrichtet wurden, die das Schulamt abstellte. Später entstanden neben den Regelschulen solche Häuser oder Arbeitsräume, weil zwar zum einen keine Lernbehinderung vorlag, zum anderen aber die Verhaltensauffälligkeiten zu krass erschienen, als dass sie in Regelschulen hätten aufgefangen werden können. So entstanden Projekte, die diese besondere Klientel vorübergehend beschulten. Zielpersonen sind 7- bis 17-Jährige die schuldistanziert sind, einer Regelschule verwiesen werden mussten, ohne dass eine andere Schule aufnahmebereit war; außerdem junge Menschen, die nach zweimaligem Scheitern in der 7. Klasse eine Chance bekommen sollten, woanders die Schulpflicht zu erfüllen. Es wird meist darauf geachtet, dass *Opfer* außer in absoluten Ausnahmefällen nicht die

„Tatort-Schule" verlassen müssen. Bevor Schulersatzprojekte ausgewählt und finanziert werden, landen schwierige Schüler*innen oft zunächst in *Schulstationen*, also betreuten Räumen in der Regelschule, die zur Entlastung des laufenden Unterrichts für eine gewisse Zeit schwer Beschulbare auffangen.

Schulersatzprojekte sind somit auch Einrichtungen der tertiären Prävention, denn man hat einzelne, gewaltbereite, schwierige junge Menschen in andere Rahmenbedingungen versetzt, in denen meist durch kleinere Gruppen und/oder mehr Personal sowie mit besonderen Angeboten, z. B. mit viel Sport und handwerklicher Praxis schuluntypisch agiert.

6.7 „Glen Mills Schools"

Das im internationalen Blick wohl bekannteste Schulersatzprojekt ist eine „geschlossene Einrichtung" der Justiz von Philadelphia/USA. Der Autor hatte die Einrichtung 1980 entdeckt (vgl. weblink Glen Mills Schools). Jahrzehntelang wurde daraufhin auch in Europa darüber nachgedacht, ob nicht strenge Szenarien, strukturierte, systematische Angebote, gruppendynamische Übungen und Konfrontationspädagogik angemessene Angebote für Systemsprenger wären. Recht unsachlich wurden diese Aspekte im Kontext „Glen Mills" vermengt mit der Diskussion über unzumutbare „Boot-Camps". Die berühmt berüchtigte Einrichtung „Glen Mills Schools" versorgte damals in 11 Häusern 120 männliche Teenager auf Veranlassung der Justiz. Das Rückfallrisiko sollte über erzieherische Maßnahmen in einer geschlossenen Schule minimiert werden, also handelte es sich um ein Projekt der *indizierten* Gewaltprävention. In den Häusern arbeiteten neben den Lehrer*innen, Werkmeistern und Sporttrainern zusatzausgebildete Sozialpädagog*innen. Morgens fanden bereits gruppendynamische Sitzungen streng nach dem GGI-Konzept statt (die Abkürzung steht für *Group Guided Interaction*) (Polsky 1977, Ferrainola). Die Meinungsführer wurden *geschickt* auf die Seite der Schulleitung geholt. Am Nachmittag gab es Feedbackrunden; bei Konflikten in den Gruppen wurde konfrontationspädagogisch der *Heiße Stuhl* eingesetzt. Die *American Football*-Sportmannschaft diente als wichtiges Ziel, als Belohnung, denn dort konnten große Erfolge auch nach außen hin erzielt werden, und natürlich diente das auch der Aggressionsabfuhr. Auf der Basis des spektakulär erfolgreichen Konzepts konnte die Heimleitung damals nach wenigen Jahren die Umzäunung des Grundstücks abreißen lassen.

School Shooting in Deutschland 7

Grundsätzlich unterscheiden die Fachkräfte zwischen Amoklagen und Amokläufen. Die Zeitung „Die Welt" beschreibt 2010 eine Amoklage sprachlich sehr treffend als „möglichen Amoklauf", während Vertreter der Stadt Halle nach zwei tödlichen Schüssen 2019 ebenfalls (nur) von einee „Amoklage" sprechen. Mit Amok sind aber in aller Regel Massaker, also gezielte und nicht wild-zufällige Überfälle gemeint; aus diesem Grund verwenden wir auch in Deutschland häufig den allgemeineren Begriff „School Shooting". Vermuten die zuständigen Personen in Schule oder Polizei, dass eine solche Tat kurz bevor steht oder vielleicht schon an einem anderen Ort umgesetzt wird, ohne dass sich der Verdacht später bestätigt, sprechen wir von einer Amoklage. Zuletzt lag eine solche in Berlin 2020 vor, als in einer Schule die entsprechende, besondere Alarmanlage Gefahr meldete. Es handelte sich zum Glück um einen Fehlalarm. Eine Millionenstadt wie Berlin mit der bekannten multikuturellen Bevölkerung hat tatsächlich noch kein School Shooting erlebt, allerdings eine Reihe von Amoklagen, die insbesondere dann gemeldet werden, wenn junge Männer in entsprechenden Posen und/oder entsprechenden großmäuligen Ankündigungen auftreten.

7.1 Wie, wo und warum passiert School Shooting?

In der jüngeren Geschichte Deutschlands fallen in den Jahren 2002–2003 drei Amokläufe an Schulen auf (Freising, Erfurt, Coburg); nach jeder Amoktat wird die Frage gestellt, ob der Täter nicht psychisch krank gewesen sei und durch bessere Behandlung bzw. geschlossene Unterbringungen die Tat hätte verhindert werden können. Während in den USA, dem am meisten von School-Shootings betroffenen Staat, immer davon ausgegangen wird, dass solche Täter psychisch

M. Günther, *Gewalt an Schulen – Prävention*, essentials,
https://doi.org/10.1007/978-3-658-32579-4_7

gestört sind (zur Not werden Täter wie in Littleton *posthum* zu psychisch Kranken gemacht), wird in Deutschland differenziert. Im Vorfeld sind die meisten bekannten Täter *nicht* als die Klientel von Psychologie oder Psychiatrie bekannt. Nach der Tat muss ihnen aber in der Regel bescheinigt werden, dass eine psychische Störung vorliegt, denn andere kriminologisch bekannte Motive reichen nicht aus, um sich zum selbstherrlichen Mehrfachmörder zu etablieren. Wer sich wie die Autorin Geipel (2004) die Mühe macht, ein solches Massaker differenziert zu beleuchten und Fragen nachgeht, die gern in solchen Kontexten verdrängt werden, kommt zu verschiedenartigen, sich ergänzenden Erkenntnissen über Täter. Männer laufen 20 × häufiger Amok als Frauen. Thüringen ist das Land mit den meisten Waffenbesitzern sowie mit der höchsten Suizidrate. Die Polizei am Ort agierte hilflos und fehlerhaft. Geipel verweist somit auch auf die Kultur des Landes. Emsdetten, Ansbach und Winnenden – Ähnlichkeiten in der Kultur fallen auf, aber auch Unterschiede; hatte doch der Amokläufer von Emsdetten das.

Internet im Vorfeld genutzt um seine Tat anzukündigen, in englischer Sprache, offensichtlich beeindruckt vom größten bekannten Amoklauf zweier Schüler in der Columbine High/Littleton, Colorado mit 13 Toten und 24 Verletzten. Zwischen dem Ende des 2. Weltkriegs und 2002 passierte in Deutschland nur *ein* brutal umgesetzter Amoklauf, das „Attentat von Volkhoven" in einer Volksschule 1964. Der Mann, der mit einem Flammenwerfer zwei Lehrerinnen und acht Schüler*innen tötete, war schwer psychisch gestört. Während in Deutschland ca. 12 Amokläufe nach 1945 dokumentiert wurden, waren es in der gleichen Zeit 64 in den USA, der „Hochburg" des School Shootings, vor allem wegen des leichten Zugangs zu Schusswaffen auch für Jugendliche.

Zielführend für den zukünftigen Umgang mit Amoklagen in Medien und Öffentlichkeit sind die Richtlinien des Landtags von Baden-Württemberg vom März 2010 – Konsequenzen, die ein Sonderausschuss nach Winnenden entwickelt hatte. Dort war die Presse im Einsatz nicht gerade zurückhaltend. Darin (vgl. Landtag/Drucksache 14) heißt es „Die Berichterstattung über Unglücksfälle und Katastrophen findet ihre Grenze im Respekt vor dem Leid von Opfern und den Gefühlen der Angehörigen". Nachrichtensperren soll es nicht geben, aber auch keine Veröffentlichung von *Verbrecher-Memoiren.* „Journalisten geben sich grundsätzlich zu erkennen", „Rettungsmaßnahmen für Opfer und Gefährdete haben Vorrang vor dem Informationsanspruch der Öffentlichkeit"; des weiteren wird betont, dass die Opfer solcher Unglücksfälle, insbesondere Kinder, Jugendliche und deren Familien, besonderen Schutz ihres Namens genießen. Unter Beachtung des Jugendschutzes soll die Presse auf eine unangemessene sensationelle Darstellung von Gewalt, Brutalität und Leid verzichten. Mit diesen Zielen sollte natürlich auch verhindert werden, dass Nachahmungstäter Gefallen finden würden über die spektakuläre, z. T. glorifizierende Medienrezeption. Sehr differenziert und aufschlussreich hat der Autor Robertz (mit Wickenhäuser 2010; mit Lorenz 2009) Amoktaten gelistet und bewertet. Der Darmstädter Psychologe und Amokforscher J. Hoffmann (2007) hat eine Software entwickelt, die an Schulen durch die Verwaltung Daten über Schüler*innen sammelt, die Indizes für Gefahr liefern und ggf. Täter*innen präventiv enttarnen helfen. Dieses Durchsickern von sensiblen Infos, die in der Summe zeigen können, dass eine Täterschaft vorliegt, nennt man *leaking*.

7.2 Welche Erkenntnisse haben wir über Täter und Motive

Eine Typisierung von Amokläufern ist in sich unlogisch, da die wenigen in Deutschland und anderswo registrierten jungen Täter unterschiedliche Voraussetzungen mitbrachten; Elternhäuser, Rolle in der Schule/Schulklasse, Kontakt zu Freunden, psychische Auffälligkeiten – gemeinsame Nenner sind nicht unbedingt augenfällig. Dies ist den bekannten Hochschullehrer*innen sehr wohl bekannt, und trotzdem sind Versuche erlaubt, typische Motive zu bündeln. Robertz nennt sie „Risikomarker".

Dazu zählt er schwache soziale Bindungen, subjektiver Mangel an Anerkennung, Perspektivlosigkeit, Kontrolllosigkeit, Kränkbarkeit, Narzissmus, negative Lebensereignisse, negativ erlebte Zukunftschancen, depressive Symptome und vor allem eine sehr destruktive Fantasie. Dem würde Geipel widersprechen, hat sie doch in der Bewertung des wohl bekanntesten deutschen Täters Robert St. aus Erfurt erkennen müssen, dass er einen Freundeskreis besaß, eine Freundin auch, und dass nach dem Schulverweis eine andere Schule bereitstand. Der junge Sportschütze nutzte Waffen legal. Das Faible für Ballerspiele am Computer und nächtelang Counterstrike spielen, das scheinen Indizien zu sein, aber -zigtausend andere junge Männer haben es ebenso getan und tun es noch heute, ohne auf Mitmenschen loszugehen. Geipel scheint eher zu erkennen, dass dort systemisch etwas sehr sehr schief lief. Ein zu wenig neugieriges Zusammenwirken von Schulen, Eltern, Freunden, Schützenclubs, und später das unbedarfte Verhalten der Polizei, das auch die hohe Anzahl der Opfer mitzuverantworten hatte.

Bannenberg versucht ebenfalls, Charakteristika herauszufiltern und sucht nach typischen Konstellationen von Amok. US-Autor Langman (2009) hält Amokläufer überwiegend für psychisch krank. Er bescheinigt ihnen narzisstische und

sadistische Persönlichkeitsmerkmale, auch Psychopathien, keine Aggressions-
kontrolle, Sozialphobien und Störungen im Denkprozess (Schizotypien) und
Entfremdung vom Rest der Menschen, wie im Fall eines der Columbine-Täter.
Bei den elektronischen Erfassungsmedien des J. Hoffmann stehen wie gezeigt
nicht *Motive* im Vordergrund. Aber sein Leaking-Ansatz hat schließlich auch
Merkmale zu erfassen wie *erfolgte Gewaltdrohungen* und *abnorme Fantasien,*
wie wir im folgenden zeigen.

7.3   Präventionsprogramme zum Aufdecken von Amok-Potenzial

7.3.1   DyRiAS

Es geht bei dieser School Shooting-Präventionsmethode um ein Instrument für
Computer. Die Abkürzung steht für Dynamische Risiko Analyse Systeme. Das
System fokussiert auf das aktuelle Risiko, das bestimmte Schüler*innen darstel-
len bezüglich Begehen einer schweren zielgerichteten Straftat (Hoffmann und
Wondrak 2007). Die Software versucht weniger eine Persönlichkeitsanalyse, als
vielmehr additiv Faktoren im Wechselspiel von Tätern, Opfern und situativen
Einflüssen zu erfassen.

DyRiAS ist wohl ein recht verlässliches, von den Autoren selbst validiertes
Instrument um Hochrisikofälle zu identifizieren in Abgrenzung zu Personen mit
geringem Bedroh-Potenzial. Das Problem des Instruments liegt offenbar darin,
dass über eine recht hohe Rate von Falschtreffern zwar Nicht-Gefährder gut
aussortiert, aber im Netz zu viele angeblich gefährliche Schüler*innen hängen
bleiben. In der Selbstdarstellung wird festgehalten:

„DyRiAS-Schule analysiert das Verhalten von (ehemaligen) SchülerInnen hinsichtlich des Risikopotenzials. Dabei geht es ausschließlich um auffällige Personen, die beispielsweise durch Gewaltdrohungen oder Amokfantasien aufgefallen
sind. DyRiAS ist für Fachleute aller Berufsgruppen geeignet, die sich mit der
Risikoeinschätzung und dem Fallmanagement in ihrem jeweiligen Feld beschäfti-
gen. Diese Berufsgruppen müssen – oft ohne forensische Zusatzausbildung – das
Gewaltrisiko einer Person einschätzen. DyRiAS macht dies möglich.

Risikoeinschätzung für Fälle von Amok und zielgerichteter Gewalt gegen
sich oder andere in einem schulischen Kontext auf dem aktuellsten Stand
der Forschung. Welche Vorteile bietet DyRiAS-Schule? Risikoeinschätzung bei

Amok- oder Todesdrohungen durch Jugendliche im schulischen Kontext, Analyse der suizidalen Gefährdung von Jugendlichen, fallbegleitende und strukturierte Risikoanalyse, erkennen von gefährlichen Fallentwicklungen, detaillierter Fallbericht, Fallzusammenfassung anhand spezifischer Risikofaktoren, DyRiAS-Risikoauswertung als Basis für Fallmanagement und Netzwerkarbeit" (vgl. die dyrias-webseite).

Die Software muss gekauft werden. In Deutschland haben einige Schulaufsichtsbehörden das Instrument zur Verfügung, In der Schweiz nutz die Kantonspolizei Zürich eine Variante. Noch bleibt offen, ob bei dieser Art Erfassung von Schüler*innen die Verhältnismäßigkeit gewahrt ist. Neben der Version für Schulen gibt es auch die Softwares Dyrias-Islamismus, -Intimpartner sowie -Arbeitsplatz.

7.3.2 Leaking (Tebesco)

Unter Leaking verstehen Präventionsagenten das Tröpfeln oder Durchsickern von kleineren Anzeichen, Indizien, Merkmalen, vor allem im Internet, die möglicherweise Aufschluss gegen können über geplante Gewalttaten. Selbstverständlich können Leaking-Prozeduren auch „analog" geplant und umgesetzt werden. Die Autoren Scheithauer und Bondü betonten, „wissenschaftlich verankerte und vielversprechende Präventionsmaßnahmen konzentrieren sich … auf die *sekundäre Prävention* und machen sich dabei den in den USA verbreiteten Threat Assessment-Ansatz zu Nutze. In dessen Rahmen sollen betroffene Personengruppen wie Lehrer, Schulpsychologen und Polizisten befähigt werden, Warnsignale von Schülern zu identifizieren, deren Bedrohung für sich und andere im Rahmen eines systematischen Prozesses zu erfassen und problemadäquate Interventionen in die Wege zu leiten".

Tebesco hieß ein Berliner *Leaking*-Projekt im Jugendnotdienst, getragen von Bildungssenat, Unfallkasse und Uni, die sich zusammengeschlossen hatten, damit der Stadtstaat Berlin besser und schneller, ja vor allem auch abends und nachts, wenn die Behörden, die Kolleg*innen in Schulen und Jugendämtern nicht über Rufbereitschaften und Hotlines zu erreichen wären, auf drohende Großschadensereignisse wie Amok reagieren kann. Die Initiative (2012) wollte vor allem zwischen 16 Uhr und 8 Uhr – und an Wochenenden – fallbezogen selektive und indizierte Prävention fördern. Entdeckt z. B. ein junger Lehrer am Freitagsabend im Internet einen seltsamen Auftritt eines Schülers, wäre *Tebesco* kompetent (telefonisch) zur Stelle gewesen. Das Projekt lief wg. Unterfinanzierung nur knapp zwei Jahre.

7.3.3 NETWASS

Das Präventionsprogramm zur Früherfassung von School-Shooting-Gefahren stammt aus der Scheithauer-Schule; die Abkürzung steht für Networks Against School Shootings. Es wurde in den Jahren 2009–2013 an 103 Schulen eingesetzt und evaluiert. Schulinterne, zusatzausgebildete Krisenteams sind mit der Umsetzung betraut.

Innerhalb von zweistündigen Fortbildungen für die Gesamtkollegien werden alle Schulmitarbeiter*innen der jeweiligen Schule für die Thematik der schweren zielgerichteten Schulgewalt, dem Phänomen *Leaking* sowie weiteren verhaltensbasierten Anhaltspunkten sensibilisiert. Über intensivere zweitägige Fortbildungen werden den schulinternen Krisenpräventionsteams fundierte Bewertungskriterien vermittelt, anhand derer die Krise von Schüler*innen gemeinsam eingeschätzt und geeignete Hilfsmaßnahmen initiiert werden können, was einer Bedrohungsanalyse gleichkommt. Die Schulmitarbeiter*innen erhalten über ein online-Modul alle relevanten Hintergrundinformationen über das Phänomen der schweren zielgerichteten Schulgewalt, werden über Leakingmerkmale und Risikofaktoren umfassend informiert und lernen die NETWASS-Präventionsstrukturen detailliert kennen. Zudem üben sie anhand von alltagsnahen filmischen Sequenzen die vermittelten Entscheidungskriterien für die Weiterleitung eines kritischen Falls ein und erhalten Hinweise, wie das Verfahren innerhalb der Schule umgesetzt werden kann. Ein nächster Schritt für das so geschulte Team wäre, alle Inhalte in Eigenregie ins Gesamtkollegium zu tragen.

Es geht den Autor*innen um beobachtbares, besorgniserregendes Verhalten eines Schülers, das durch sensibilisierte Schulmitarbeiter*innen wahrgenommen und einer Bewertung hinsichtlich seiner situativen Einbettung unterzogen wird. Ist das Verhalten des Schülers aus der Situation heraus nicht erklärbar oder deutet auf eine Krise des Schülers hin, sollte ein zentraler Ansprechpartner für Krisenprävention einbezogen werden. Die Rolle des verantwortlichen Ansprechpartners hat die Schulleitung inne. Sie soll die vorhandenen Hinweise auf die Krise des Schülers bündeln und einem weiteren Bewertungsschritt unterziehen: z. B. mithilfe einer gemeinsamen Fallberatung. Dann wird das Krisenteam eingeschaltet und hat zu handeln (Scholl u. a., 2013).

7.4   Gewaltprävention in Österreich

Einen Überblick über die Ansätze unseres Nachbarlandes, ebenfalls „nach Erfurt", gibt die umfängliche Projektrecherche des *Instituts für Konflikt Forschung* in

Wien. Sie wurde von der Wiener Schulpsychologie sowie vom Frauenbüro der Stadt finanziert. Österreich nutzt seit 1995 im sekundärpräventiven Bereich die *Peer Mediation;* des weiteren setzte das Land das sogenannte *Wiener Soziale Kompetenztraining* um. Vom damals bereits in Norwegen evaluierten Olweus-Ansatz nutzen die Österreicher eine Kurzversion seines *3-Ebenen-Anti-Bullying*-Programms. Es wird auch ein anderer Schwede genutzt, nämlich Pikas (2002) und seine *Shared Concern Method.* Diese wird insbesondere nach Gruppenmobbing eingesetzt. Die Täter*innen werden mittels individueller Therapiegespräche bearbeitet. Ist Vertrauen gewonnen, sollen auch heimlich erfolgte Taten aufgedeckt werden. Pikas geht davon aus, dass Mobbende auch Angst vor der eigenen Gruppe haben. In der anschließenden Phase wird in Einzelgesprächen mit den Opfern geredet. Danach kommt die mobbende Gruppe dran, bevor ein Treffen zwischen den Mobber*innen und dem Opfer bzw. den Opfern stattfindet. In der letzten Phase wird die Klassengemeinschaft befähigt, die Weiterverfolgung der Prozesse zu kontrollieren und die Therapeut*innen verlassen die Schule. Soziales Lernen, Primärprävention an Österreichs Schulen, erfolgte seit 1984 mithilfe des *KoKoKo* (Kommunikation-Kooperation-Konfliktbewältigung).

In Innsbruck arbeitet das Österreichische Rote Kreuz mit der dortigen Universität zusammen und steuert landesweit Großschadensereignisse, zu denen auch Krisen und Notfälle an Schulen zählen. Das Rote Kreuz ist auch verantwortlich bei Amoklagen (in Deutschland ist es die Feuerwehr) und beschäftigt die Professorin Juen mit der Leitung von bestimmten Krisensituationen. In diesem Ansatz wird durch besondere Therapieverfahren *psychologisch* großes Gewicht gelegt auf die oft folgenden Posttraumatisierungen der Opfer.

Notfällpläne, Krisenteams, Handlungsempfehlungen

Hauptansprechpartner*innen und somit Zielpersonen für die Weiterentwicklung gewaltpräventiver Maßnahmen, mit der Vision, auf mehreren Ebenen adäquate Strukturen, Inhalte sowie Vorgehensweisen etabliert zu haben, sind die Schulleitungen. Diese benötigen für die Gestaltung ihrer verantwortungsvollen Arbeit intensive, begleitende Unterstützung von Schulpsychologie, Schulsozialarbeit, Präventionspolizei und demokratisch gewählten Gremienvertreter*innen. Zur systematischen Erfassung von Gewaltvorfällen benötigen die Schulleiter*innen *Meldebögen;* zur Prophylaxe und Bewältigung von Vorfällen und Krisen benötigen sie *Krisenteams.*

8.1 Gewaltmeldungen mithilfe von Notfallplänen

Die Kultusministerien der Länder sind sich noch nicht einig über die Einführung verbindlicher Meldeverfahren. In den Ländern, die Amoklagen erlebt haben, gibt es in jedem Fall Gewaltmeldebögen, die den Schulleitungen auferlegen, im Notfall die richtigen Interventionen einzuleiten. In der Regel gehen solche Meldungen parallel per E-Mail sowie per Telefon an die Leitung der vorgesetzten Behörde „Schulaufsicht" sowie an die Polizei oder Feuerwehr. In Kinderschutzfragen werden (nach Überprüfung, ob nicht zunächst Beratungsbedarf den verschwiegenen „Insoweit erfahrenen Fachkräften" (vgl. Abschn. 9.3) zu melden ist) die Jugendämter informiert, die bei entsprechender Gefahr die Polizei zur Amtshilfe benachrichtigen. Kinderschutzmeldebögen sind wohl überall verbreitet, oft auch spezielle Versionen für Schulen/Schulsozialarbeit.

Berlin und Brandenburg kooperieren in diesen Fragen ausgesprochen stark. Sie unterhalten eine gemeinsame Sozialpädagogische Fortbildungsstätte und ein

© Der/die Autor(en), exklusiv lizenziert durch Springer Fachmedien Wiesbaden GmbH, ein Teil von Springer Nature 2020
M. Günther, *Gewalt an Schulen – Prävention*, essentials,
https://doi.org/10.1007/978-3-658-32579-4_8

gemeinsames Landesinstitut für Schule und Medien. Beide Länder benutzen von Berlin entwickelte Notfallpläne, Version 1 seit 2006, „nach dem Rütli-Schule-Konflikt" und Vs. 2 seit 2011. Der umfangreiche Ordner, von dem jede Schule drei erhalten hat, glänzt durch Übersichtlichkeit und hilft verunsicherten Krisenteams in jeder Lage. Die strikte Dreiteilung in Gefahrstufe I, II und III erlaubt den Nutzern, weniger bedeutende Vorfälle erst einmal eine Woche liegen zu lassen. Gewaltmeldungen dienen gleichzeitig der raschen Soforthilfe als auch der systematischen quantitativen Erfassung von Ereignissen, von denen die Gefahr-III-Ereignisse direkt auch „mit einer Post" an Schulpsychologie, Schulsenat, Polizei und Jugendhilfe gelangen.

8.2   Krisenteams

Bezogen auf die systematischen Initiativen sowohl zum Zuvorkommen von Gewalthandlungen an Schulen, als auch zur Händelung schwelender oder geschehener Gewaltereignisse wird sich mittelfristig das Instrument des Krisenteams stark weiterentwickeln. Schließlich werden nicht nur einzelne Schulen bzw. Schultypen, nicht nur große Einrichtungen mit potenziell vielen Mittelstufenklassen 7–10, sondern perspektivisch alle Schulen mit diesem ohne Aufwand und ohne Geldmittel zur Verfügung stehenden „Dienst" anfreunden.

Für ein „Krisenteam" gibt es logischerweise gleiche Aufgaben überall in der Republik, aber keine einheitliche Besetzung, da die Bedingungen am Ort Einfluss haben auf Größe und Zusammensetzung der Teams. Idealtypisch könne ein Team wie folgt zusammengesetzt sein, nehmen wir einmal an, es ginge um eine integrierte Sekundarschule, die die ehemaligen Hauptschulen, Realschulen sowie eine Teilklientel mit Gymnasialempfehlung vereint; eine Schule in einer Mittelstadt mit 450 Schüler*innen und einem Lehrkörper mit 30 Lehrkräften, einer zweiköpfigen Schulleitung, Sekretariat, Hausmeisterei und den landesschulgesetzlich vorgeschriebenen Schüler- sowie Elternvertretungen. Die Klassen 7–10 laufen in diesem Beispiel 4-zügig, oder die Schule erfasst die Klassen 5–10 dreizügig.

Schulleiter*in muss im Team sein, die Stellvertretung zieht nur als Abwesenheitsvertretung ein. Will das Team arbeitsfähig sein, und 14-täglich, monatlich, mindestens aber 6 × im Jahr 50–130 Minuten zusammensitzen, so darf es nicht zu groß sein. 4–6 Personen könnten zusammenkommen; bei sehr kleinen Häusern können 3 ausreichen, bei sehr großen, konfliktträchtigen dürften es ggf. 7 sein. Wählen wir 5 Personen in unserem Fall aus, so sollte eine Lehrkraft im Team sein, die sehr gut mit Methoden des sozialen Lernens und mit Techniken der Bullying-Prävention vertraut ist. Vielleicht ist diese Lehrkraft auch zuständig für die Koordinierung der Streitschlichtung oder ist LionsQuest-Lehrer*in, vielleicht hat sie eine Ausbildung beim Buddy e. V. absolviert oder kennt „Olweus" gut. Die bereits genannten Personen sind mit Sicherheit motiviert, die weiteren müssen es auch sein! Da es in der Krise sehr zeitaufwendig werden kann, sollte in jedem Fall eine Ermäßigungsstunde die sonst freiwillige soziale Arbeit flankieren. Aus dem Kreis der gewählten Vertrauenslehrer*innen sollte die stärkste Persönlichkeit einbezogen werden. Die Schulsozialarbeit wird eine Vertretung entsenden oder es wird aus der Nachbarschaft jemand aus der schulbezogenen Sozialarbeit gewonnen. Vorsicht ist angezeigt, wenn sich Elternvertreter*innen melden. Sie haben – genau wie die Schüler*innen (jene Gruppe, die wohl die Probleme generiert) und ihre Vertretungen – andere Interessen, einen anderen Status, wenden sich z. B. mal an die Presse oder machen Parteipolitik. Solche Personen aber können mit ausgewählt werden, damit man sie in *bestimmten* Konfliktsituationen kooptieren kann. Es ist ratsam darauf zu achten, dass auch Internet-Erfahrene zum Krisenteam zählen, Cybermobbing nimmt zu, was am Bespiel von der langen Problemphase *I share gossip* von 2010–2014 damals deutlich geworden ist. Der zuständige Schulpsychologische Dienst gehört mit einer Person ins Team. Diese passt sehr gut sie für die Rolle der Moderation von Sitzungen, denn die Schulleitung ist unbedingt zu entlasten. Ein weiteres Mitglied des Krisenteams solle ganz speziell an die Rahmenbedingungen der Einrichtung geknüpft sein: es kann gern ein Hausmeister/Haustechnik sein, muss aber nicht, denn nicht jeder Mensch ist geeignet für diese Art Beratung. Es kann auch eine Verwaltungsfachkraft sein (und bitte nicht nur fürs Protokoll), aber auch hier ist nicht jede geeignet, manche bieten sich aber besonders an. Formal ist oft geregelt, dass jemand für Sicherheit und Brandschutz bereit steht. Diese Personen sollte immer einbezogen sein, wenn entsprechende Themen auf der Tagesordnung stehen. Des Weiteren können Präventionsagent*innen anderer Behörden eingeladen werden, die nicht ständiges Mitglied des Krisenteams sind und auch nicht für die volle Zeit an der Sitzung teilnehmen sollten: dazu zählen die „Insoweit erfahrene Fachkraft Kinderschutz" gemäß §§ 8 a und b SGB VIII (aus einer Beratungsstelle eines freien Trägers), eine Person aus dem Jugendamt (z. B. Jugendgerichtshilfe oder auch Jugendamtsdirektor*in) und von der örtlichen Polizei eine Person, deren Aufgabe es ist, z. B. mit Mobbing-Präventionsangeboten in Schulklassen zu gehen.

In den Bundesländern gibt es im Übrigen festgelegte ranghöhere Polizeikräfte für Amoklagen, die sofort und selbstverständlich im Kontext Krise/Amoklage zu laden sind, ähnlich wie die in solchen Fällen federführend wirkende Feuerwehr (bis heute, Anfang 2021, gibt es in den Bundesländern keine schulgesetzlichen Vorgaben für Krisenteams, wenn überhaupt Empfehlungen, an die sich Schulpsychologie und Schulleitungen halten sollen…). In der Regel finden sich diese ca. 5 Fachkräfte ein zur vorsorglichen Beratung von Fällen, bei denen die Vermutung besteht, dass sie auf eine krisenhafte Zuspitzung zulaufen könnten. Die Gruppe berät aber auch vorbeugend über geeignete Programme, die die Schule fördern und finanzieren sollte. Schließlich erfolgt im Krisenteam auch ein Austausch von Informationen, die Fort- und Weiterbildungsangebote zum Thema betreffen, sodass bestimmte Mitglieder delegiert werden können. Hauptziel ist aber, die Handlungsfähigkeit der Schulleitung in der Krise aufrecht zu erhalten. Es dient der angemessenen Intervention – welches Konzept ist im Akutfall geeignet und einzusetzen? – sowie der pädagogischen, organisatorischen und technischen Vorbereitung auf Gewalt und Krisenereignisse aller Art.

Die Arbeitsweise wurde bereits angedeutet und natürlich hat das Krisenteam unverzüglich bei akuten Krisen oder Amoklagen zu tagen. Alle Personen sollten *aufgabenbezogen* um Mitarbeit gebeten werden; alle Personen sollten über Kompetenz verfügen – niemand sollte aus formalen und/oder Hierarchiegründen eintreten.

Schautafel

Anforderungen und ungefähre Dauer von Kursen, Zusatzausbildungen sowie zertifizierten Weiterbildungen im Feld der Prävention–Gewalt an Schulen

Thema/Ziel/Titel	h	T/M/J	Grundberuf	dazu +
AAT/AGT/Coolness- Tr.	240 h	1,5 J.	SozPädPsychErzPolz	–
auf dem Markt mindestens 6 anspruchsvolle, recht seriöse Anbieter mit und ohne ®				
Buddy	160 h	2 J.	SozPädPsychL	Intervision 4 T
Fairplayer	80 h	1 J.	PsychPäd	
Gesprächsführung	32 h	2 Mon	Erz u.v.a.	–
Insoweit erfahrene Fachkraft Kinderschutz	120 h	8 Mon	SozPädPsychL	Abschlussarbeit
Kriminologie (div. Unis)	128 h	4 Sem	Jura1.StEx); Polizei höh.D. mündl.Prüf./K. Examensarbeit	–
LionsQuest	16 h	3 T.	Lehramt	–
Mediation (allgemeine) +MediationFamilienrecht	600 h 32 h	2 J. 2 Mon	SozPädJurPsych SozPädJurPsych	Intervision 6 T –
Notfallpsychologie	80 h	10 T.	Psych	
Pädagog. Rollenspiel	32 h	2 Mon	SoPädPsychL	–
Public Health	450 h	4 Sem	SozPädPsychLMed mündl.Prüf./Kl./ Superv./Intervision	
Sozialpäd. berufsbegl.	600 h	5 Sem	Erzieher*in	Supervison 8 dh

Erläuterungen:
bei den Stunden handelt es sich in der Regel um 45-min-Einheiten, nicht um Sem.dh; die Angabe T/M/J will zeigen, über welchen Zeitraum sich die Weiterbildung meist hinzieht; da hier keine Grundausbildungen gelistet sind, wird nach der akad. Basisausbildung gefragt (L = Lehramt, Psych = Psychologie, Päd = Pädagogik, M = Medizin, SozPäd = Sozial-Arbeit/-Pädagogik, Erzieher*in, Jur = Jura, Jura1StEx = Jura mit abgeschloss. 1. Staatsexamen); die Liste erfasst ausschließlich *berufsbegleitende* Kurse; unabhängig davon gibt es sicher auch „ordentliche" Studiengänge (Bachelor), so in Public Health oder Kriminologie). Alle Angaben ohne Gewähr!
dazu+ ist wichtig, weil manche Zertifikate erst ausgehändigt werden, wenn Teilnahme an zusätzlichen Supervisions-/Intervisions-Stunden nachgewiesen wird; zwei der Titel setzen sogar mündliche Prüfungen, Klausuren und eine Examensarbeit voraus.

8.3 Handlungsempfehlungen/20 Thesen

Angesichts vielfältiger Gewalttaten, wie sie vor allem die Unfallkasse dokumentieren kann, ständigen Mobbing-Aktionen auch über das Internet sowie einiger besonders radikaler, tödlicher Angriffe auf Lehrpersonal und Mitschüler*innen sind sich die Präventionsagent*innen doch weitgehend einig, dass neben längerfristigen Perspektiven folgende Zwischenziele erreicht werden müssen:

1. Stärkung der Verantwortlichkeit von Schüler*innen und Lehrer*innen für ihre Schule – das ist sehr preiswert und nachweislich effektiv
2. Schulen sollten ihren Erziehungsauftrag ernster nehmen, denn bis zur Klasse 7 ist da noch einiges zu erreichen
3. Auch Beteiligung, Partizipation kann der Schlüssel zur wirklich guten Schule sein; Klassenräte 14-täglich und geeignete Räume mit einem Stuhlkreis sollten verpflichtend sein
4. Schule hat sich zu sich vernetzen; sie steht im Mittelpunkt von Instanzen, zu denen verbindliche Beziehungen zu pflegen sind: Jugendhilfe, Freie Träger, Polizei, Gesundheitsämter/Psychiatrie sowie Justiz und Bewährungshilfe
5. Muss die Schule bei Leistungsdefiziten negativ sanktionieren, so ist Sorge zu tragen, dass die entstehenden Frustrationen nicht zu Gewalttaten führen

6. Über die mehr als 30 bekannten Ansätze zur Prävention von schulischer Gewalt sollten sich zuständige deutsche Landesschulbehörden verständigen und gut evaluierte Anti-Bullying-Konzepte in Abstimmung einführen. Dazu zählen vor allem Olweus' Mehrebenen-Programm, LionsQuest, das Buddy e. V.-Programm sowie fairplayer und zum Thema Mobbing/ Bullying die Konfliktlotsen-Mediation sowie der No-Blame-Approach

7. Berücksichtigt werden sollten dabei die umfänglichen Erkenntnisse zum Thema Mobbing/Bullying, wie sie Melzer und Schubarth beschrieben haben

8. Solche Programme dürfen nicht als pädagogische Häppchen serviert werden, sondern müssen Teil der mittelfristigen Schulentwicklungsarbeit sein

9. Bullying und School Shooting ist zu mehr als 90 % Jungensache, ein Teil von ihnen hat Migrationshintergrund; also sind wir gefordert, geschlechtsspezifische Projekte und interkulturelle Initiativen massiv zu fördern

10. Schulen benötigen verbindliche Hilfe, vor allem präventiv von ausgebildeten Schulpsycholog*innen; bewährte Instrumente sind Notfallplanordner mit Instrumenten, die leichte, mittelschwere und schwere Gewaltvorfälle einteilen und entsprechend behandeln können

11. Auch wenn wir den „nächsten" Amoklauf nicht werden verhüten können, so haben wir doch „gewaltigen" Einfluss auf dessen Auswirkungen, sei es durch Frühwarnsysteme, sei es durch Verschärfung des Waffenrechts

12. Schulverweigerer sind keine Gewalttäter, aber die Gewalttätigen meist Schulverweigerer; wir benötigen Interventionen, die Schule, Jugendhilfe und Polizei einvernehmlich umsetzen

13. Die Einrichtung von Krisenteams und die Zuordnung von Schulsozialarbeit sind zwingend, will man landesweit das Schlimmste verhüten

14. „Erziehungskraft der Familie stärken" ist leichter gesagt als getan, ein Schritt wäre, dass vorhandene Beratungsstellen niedrigschwelliger werden und proaktiv auch auf Prävention und Eltern-Kind-Arbeit setzen, statt auf Therapie für die Mittelschicht

15. Das Soziale Lernen als Teil des Curriculums darf nicht nur eine bescheidene Sachkunde-Phase in Klasse 3 sein, sondern muss weiterführend bis ins Teenager-Alter jungen Menschen prosoziales Verhalten nahelegen

16. Opfer werden übersehen, Täter gelangen ins Rampenlicht. Angemessene Opferhilfe ist eine Aufgabe von Justiz und psychosozialer Versorgung – nicht nur von den Freiwilligen des „Weissen Rings"

17. Verbesserung des Kinderschutzes, Kooperationen im Übergang Kindertagesstätte-Schule und gute Zusammenarbeit unter Einhaltung des Datenschutzes mit den Jugendämtern sind zu organisieren

18. Polizei zur Aufklärung, Information und zielgerichteter Präventionsarbeit in Schulklassen hilft ebenfalls, wenn sie sensibel auch in Problem- bzw. Brennpunktschulen auftritt, möglichst in Kooperation mit schulbezogener Jugendsozialarbeit

19. Die Wirksamkeit von Projekten hängt nicht davon ab, ob sie ein eingetragenes Warenzeichen ® zeigen; oft wirken dezentral engagierte Anbieter lebensweltorientierter und nachhaltiger

20. Behörden und politisch Verantwortliche sollten in kollegialer Abstimmung mit Forschung und Lehre selbstbewusster Maßstäbe setzen und investieren in evaluierte Gewaltprävention, statt sich abhängig zu machen von Pressereaktionen auf Vorfälle und von Geldgebern, die sich nur auf werbewirksame Initiativen einlassen.

9.1 Was hat das Thema *Häusliche Gewalt* in Schulen zu suchen?

Häusliche Gewalt wäre aus zwei Blickwinkeln bedeutsam für Schule und Unterricht. Erstens treffen wir zahlreiche junge Menschen im Feld Schule an, die zu Hause Gewalterfahrungen machen, insbesondere in Auseinandersetzungen involviert sind zwischen den Eltern bzw. Stiefeltern. Jungen und Mädchen werden Augenzeugen, wie die Mutter zu Hause beleidigt, drangsaliert oder geschlagen wird. Solche Gewalterfahrungen können prägen. Kinder werden einerseits eingeschüchtert und ängstlich, andererseits eignen sie sich Wissen über gewaltsame Streitschlichtung an, ein Wissen, dass auch auf dem Schulhof gezeigt werden könnte; die gravierenden Erfahrungen, Zeuge/Zeugin oder sogar Opfer von häuslicher Gewalt geworden zu sein, beeinträchtigen auch Konzentration, Aufmerksamkeit und Leistung in der Schule. Bestimmte Gewalttaten im Lernfeld, vor oder nach der Schule bzw. in den Pausen, können aus solchen Erfahrungen und Frustrationen resultieren. Ob es Häufungen bei diesen, auch vom Lehrpersonal erlebten Kindeswohl-abträglichen Erziehungsformen gibt, bleibt unklar; die Hellzahlen nehmen zu, weil das Meldeverhalten und die Wahrnehmungssensibilität durch Förderungen zum Anstieg führte, ohne dass wir genau erfahren können, ob dadurch die Dunkelfeldzahlen bedeutsam sinken. „Natürlich" ist auch die körperliche und psychische Bestrafung der Kinder durch Eltern zu Hause Teil der häuslichen Gewalt und verboten. Seit 1999 regelt der § 1631 des Bürgerlichen Gesetzbuches, dass „körperliche Bestrafungen, seelische Verletzungen und andere entwürdigende Maßnahmen" unzulässig sind. Missbrauch kann viele Formen zeigen. Entdeckt zum Beispiel eine Lehrkraft beim Sport Körperverletzungen beim

Kind, sollten auch Kinderärzt*innen einbezogen werden. Lassen sich diese von einer Kinderschutzfachkraft beraten, werden sie in Erfahrung bringen, dass sie nicht immer zur Verschwiegenheit verpflichtet sind, denn das Kindeswohl kann in einschlägigen Fällen Vorrang haben.

Zweitens sind alle Schüler*innen auch als zukünftige Partner in Beziehungen oder Ehen zu sehen; wird nicht rechtzeitig das Gewalterleben im elterlichen Haushalt beleuchtet, droht die Gefahr, dass die Kinder später sich kaum anders verhalten. Nun sollen sie lernen, sich fair zu verhalten. Pädagogische Rollenspiele können geplant und umgesetzt werden. Eine Befragung in den Bundesländern hatte 2006 gezeigt, dass nur in Stralsund ein Frauenhaus sowie die überregional zuständige Berliner Interventionszentrale häusliche Gewalt *BIG* erste Ansätze des Thematisierens von Prävention häuslicher Gewalt in Kooperation mit und in Schulen durchführt. Frauenhaus-Mitarbeiterinnen besuchten Schulklassen im Mecklenburg-Vorpommern, um aufzuklären, Mitarbeiter*innen der Interventionszentrale entwickelten ein Programm zur Vorbeugung.

9.1.1 *Echt fair,* ein BIG-Angebot

Bei *Echt fair* handelt es sich um eine Kombination von Wanderausstellung und ggf. einführendem Unterricht durch die Sozialarbeiter*innen. Die ganz besondere Ausstellung enthält unterschiedlichste Stationen wie Spiegel, Schiebetafeln, Hörstationen, ein Touchscreen sowie Info-Klappen. Kinder sollen lernen, Gewalt zu erkennen, zu verhindern oder Hilfe zu holen. Zusätzlich kann Lehrkräfte-Fortbildung und Elternarbeit angeboten werden. Die interaktive Ausstellung (Adressaten sind die Klassen 5 und höher) wird kostenfrei verliehen, aber die Transportkosten, Aufbau und Versicherung müssen bezahlt werden. *Echt fair* will ganzheitlich Ursachen und Auswirkungen häuslicher Gewalt zeigen.

9.1.2 *Prägt* – ein Angebot der Arbeiterwohlfahrt

Seit 2004 stellt die AWO ein besonderes Modellprojekt in Hannover und Erfurt bereit. Die Abkürzung steht für „Projekt zur Prävention von häuslicher Gewalt durch kooperative Arbeitsansätze in Tageseinrichtungen für Kinder". Der vorbildliche Aufbau und ein 210-Begleitbuch zeichnen es aus. An dieser Stelle erfolgt keine vertiefende Würdigung, weil sich das Projekt an *KiTas* und nicht an Schulen wendet. Ausgangspunkt war wohl eine englische Studie die zeigte, dass bei der Untersuchung von 110 Kinderschutzakten bei einem Drittel Infos über Gewalt gegen die Mutter entdeckt worden waren. So gehen die Autor*innen davon aus, dass in Tageseinrichtungen Kinder betreut werden, die das gewalttätige Handeln von Vätern oder Partnern gegen die Mutter miterleben. Das Präventionsprojekt will Häusliche Gewalt verhindern durch Enttabuisierung des Themas, Sensibilisierung der Fachkräfte und Kooperation in Fachkreisen. Es wäre wohl ein Leichtes, den Ansatz auf Grundschulen-Eingangsklassen zu übertragen.

9.2 Missbrauch

Missbrauchsprobleme, im engeren Sinn der sexuelle Missbrauch, sind eine gesellschaftliche Querschnittsaufgabe, denn sie werden in unterschiedlichsten Orten auftreten und wahrgenommen: Kindertagesstätten, Schulen, Jugendfreizeiteinrichtungen, Sportvereine, Kirchen, Gaststätten und Mitmenschen an anderen Orten können Zeichen erkennen; alle sind gleichermaßen wichtig, keines der Felder sollte hervorgehoben werden. Viele Lehrer*innen achten heute wesentlich sensibler darauf, ob Kinder missbrauchsrelevante psychische Veränderungen zeigen, namentlich Initiativverlust, eingefrorene Aufmerksamkeit, eingeschränkte Leistungsfähigkeit, negative Emotionalität, schädigende Entwicklungsbedingungen, stehlen, betteln, Hygieneprobleme, Distanzlosigkeit, alters-untypischer oder massiver Konsum von Drogen, Nikotin und Alkohol, anhaltende Traurigkeit, Zusammenzucken, depressive Verstimmungen, Kontaktstörungen bis hin zu Todeswünschen, wie sie u. a. Lorenz (2005) zusammengetragen hat. Schule und Schulsozialarbeit sollten Missbrauchsverdachtsfälle mit der *insoweit erfahrenen Fachkraft* oder dem Jugendamt abgleichen, z. B. über den speziell bereitgestellten Vordruck *Meldebogen Kinderschutz (Schule).*

Es geht nicht um geringfügige Ereignisse und nicht nur um die im Halbjahresabstand von den Medien hervorgehobenen Skandale. Die Polizeiliche Kriminalstatik 2019 nannte ca. 15.000 Fälle von sexualisiertem Kindermissbrauch. Seit etwa 10 Jahren stellt die Bundesregierung den oder die Unabhängige/n Beauftragte/n für Fragen des sexuellen Kindesmissbrauchs bereit. Der seit 2010 bekannte *Runder Tisch Sexueller Kindesmissbrauch* kümmerte sich zum einen um Opfererfassung und -entschädigung, regte aber auch an, trägerspezifische Schutzkonzepte zu entwickeln sowie Eltern zu stärken. Auch unscheinbare Anregungen gelangten in die Verwaltung und verbesserten die Explorationsergebnisse fallbezogen: das *Vieraugenprinzip* z. B. zwingt Sozialpädagog*innen, Kolleg*innen heranzuziehen, bevor Hilfepläne aufgestellt oder verweigert werden. Der Runde Tisch führte auch zu dem gelobten und nachgefragten 30-h-Online-Lernpaket

„Kinderschutz", das von Fegert (2015, Kinder- und Jugendpsychiatrie der Uni Ulm) bereitgestellt wird.

In Abständen registrieren wir, dass sich besondere Trägervereine in Schulen melden, um der Schule und/oder Eltern Trainings für Mädchen und Jungen gegen sexuelle Übergriffe anbieten. Vor einem Engagement sollte u. a. nüchtern geprüft werden, ob der Träger die Gemeinnützigkeit besitzt, ob er eigene Literatur veröffentlicht hat, ob neben den Initiatoren auch die Trainer*innen eine psychosoziale Ausbildung abgeschlossen haben und bezogen auf die Inhalte, ob z. B. gegen jede Vernunft versucht wird, mit diesen Kindern körperliche Selbstverteidigungstechniken einzuüben. Geeignete Kursziele wären Stärkung der Fähigkeiten, Grenzen zu setzen, Förderung eindeutiger Kommunikation, Erhöhung von Selbstwertgefühl und Selbstachtung und klar machen, dass allein Täter oder Täterin (bei sexualisierter Gewalt) die Schuld haben. Auch hier gilt: Prävention ist der beste Opferschutz.

Der Gesetzentwurf zur Stärkung von Kindern und Jugendlichen (Neufassung) befand sich im November 2020 noch in der Ressortabstimmung. Hauptthema ist bekanntlich die Inklusion; neben der seelischen sollen auch die körperliche und geistige Behinderung ins SGB VIII genommen werden. Darin wird aber auch erneut eine Verbesserung des Kinderschutzes geregelt; auch sollen Kinder in Pflegefamilien und Einrichtungen gestärkt werden. Aktuell beschlossen worden ist das Gesetz, das härtere Strafen für zu Verurteilende vorsieht.

9.2.1 Strohhalm

Ein eingetragener Verein gleichen Namens hat ein Präventionsprogramm für 3.–5. Grundschulklassen aufgelegt. Im Mittelpunkt stehen Präventionsworkshops, die einem Elternabend folgen. Hauptzielgruppe sind Fachkräfte, die das Thema Prävention von sexualisierter Gewalt an Mädchen und Jungen reizt. Diese (immer zwei oder mehr Personen, und immer nur freiwillig) werden vorbereitend geschult. Der folgende Elternabend hat das Thema „Wie kann ich mein Kind vor sexualisierter Gewalt schützen?" In der Schule werden danach Kinderworkshops mit Pädagogischen Rollenspielen veranstaltet. Am Rande können Kinder eine „Sprechstunde" als offenes Beratungsangebot vertraulich nutzen.

Diesen transparenten, empfehlenswerten Ansatz möchte ich abgrenzen von Träger-Angeboten wie vor Jahren *Pro Child – Women Self Defence,* der auch in vielen deutschen Grundschulen Anfang der 2000er Jahre für sich warb und dezentral seine Kurse verkaufte. Einige unzumutbare Methoden, keine professionellen Begleithefte und Trainer*innen ohne abgeschlossene psychosoziale Ausbildung führten zu großen Irritationen. Tatsächlich versuchte man u. a., die 3.-Klasse-Mädchen „sportlich" in Selbstverteidigung zu fördern, damit diese einen Angriff abwehren können – ein gefährliches Unterfangen weil meist ohne Aussicht auf Erfolg.

9.3 Kinderschutz

Seit etwa 2005 haben sich die Bemühungen um eine Verbesserung des Kinderschutzes spürbar entwickelt. Aber erst mussten wieder unglaubliche Missbrauchs- und Verwahrlosungs-Dramen geschehen; erst mussten erneut die Medien die Verhältnisse skandalisieren, ähnlich wie es im Kontext School Shooting vorher schon Maßnahmen-auslösend geschehen war. In diesen Jahren wurde das Sozialgesetzbuch VIII – Kinder- und Jugendhilfe – mehrmals erweitert und konkretisiert. Die bekannteren rechtlichen Schritte gegen Eltern, die gegen das Recht verstoßen, sind Entzug des Aufenthaltsbestimmungsrechts oder weitergehend Entzug des Sorgerechts, flankiert von Fremdunterbringung.

Weniger spektakulär, aber m. E. ebenfalls mit allen fachlichen Mitteln zu untersuchen sind jene Formen von Gewalt den Schüler*innen gegenüber, die durch Eltern wg. angeblich zu schlechter Leistungen ausgeübt wird. Eltern kommen aus verschiedensten Schichten; auch wohlhabende und/oder bildungsorientierte Familien können gewalttätig werden, nicht selten unter dem Vorwand, eine gute Note (2) reiche nicht, das Kind müsse doch eine „1" liefern.

Übrigens ist für dringende Fälle die Hotline-Rufnummer für „Kinder in der Not" bundesweit 08001516001 bereitgestellt, in Berlin auch für Lehrkräfte, Eltern, Schüler*innen 030610066 Tag und Nacht, sowie bundesweit 08001921000 Tag und Nacht die „medizinische Kinderschutz-Hotline" für Angehörige der Heilberufe bei Verdacht auf Kindesmissbrauch.

9.3.1 Rolle der „Insoweit erfahrenden Fachkraft (Kinderschutz)"

Diese Person, in der Regel Sozialarbeit*in mit Zusatzausbildung, setzt seit 2012 das damals sogenannte Bundeskinderschutzgesetz mit um. Das Artikelgesetz diente der Erweiterung anderer Gesetze. Die neue Fachkraft hilft auf Anfrage fallbezogen zuständigen Kolleg*innen, z. B. Schulsozialarbeiter*innen, als nicht in den Fall involvierte und fachpolitisch neutrale Instanz das individuelle Risiko für ein Schulkind einzuschätzen, damit es keine Gefährdung seines Wohls erleiden muss. Sie unterstützt, berät und begleitet – ggf. auch in der Folgezeit noch – dabei, gemeinsam ein qualifiziertes Hilfs- und Schutzkonzept für die betreffende minderjährige Person zu erstellen. Schulleitung, Klassenlehrer*in, Vertrauenslehrer*in oder andere müssten somit nicht unmittelbar Eltern, Polizei oder Jugendhilfe in Anspruch nehmen bzw. informieren, sondern hätten so die Möglichkeit, sensibel etwas Zeit zu gewinnen, ohne sich des Nichttätigwerdens schuldig zu machen. Denn die *Insoweit erfahrene Fachkraft* nimmt nicht unbedingt Kontakt zu den Eltern oder Erziehungsberechtigten auf, ist aber beteiligt bei der Prüfung der Problemakzeptanz bzw. der Mitwirkungsbereitschaft von Sorgeberechtigten. Wird von ihr ein Kinderschutzeingriff empfohlen, wird die Schule einen von vielen Bundesländern bereitgestellten Kinderschutz-Meldebogen (Vordrucke für Schulen) ausfüllen und dem örtlich zuständigen Jugendamt zeitnah – z. B. am darauffolgenden Montagmittag übermitteln. Das muss sehr schnell prüfen, Eltern befragen und auch das Familiengericht hinzuziehen. Das betroffene Kind kann (vorübergehend) herausgenommen werden und in einen Notdienst verbracht werden. Verweigern die Eltern die Angebote des Jugendamts, entscheidet das Familiengericht.

Wird eine „Insoweit erfahrene Fachkraft" (z. B. auch von einer Schule) nach Absatz 2 hinzugezogen, wird der Schutzauftrag nach Absatz 1 nicht aktiviert, sondern es besteht die strafbewehrte Pflicht, solche sogenannten Privatgeheimnisse *nicht* zu offenbaren gem. StGB § 231. Kinderschutz geht alle an, also auch und insbesondere Lehrkräfte und Schulsozialarbeit. Auf der Seite der Schule hilft in fortgeschrittenen Missbrauchsfällen auch nicht mehr die Einbeziehung von Vertrauenslehrer*innen; es sollte besser zügig die *insoweit erfahrende Fachkraft Kinderschutz* ins Boot geholt werden.

Wichtig für alle in der Schule Beschäftigten ist, dass sie in solchen sensiblen Fällen, von denen sie im schulischen Kontext erfahren haben, immer die Schulleitung einbeziehen, die für Meldungen nach außen die Verantwortung trägt.

9.4   Fallbeispiele

In meiner langjährigen Praxis als für Innenstadtbezirke zuständiger Notfallpsychologe, Jugendberater sowie ehrenamtlich bei einem unabhängigen Beschwerdedienst, sind nicht wenige Fälle von versuchten oder vollzogenem Kindeswohlgefährdung, häuslicher Gewalt und Kindesmissbrauch an mich herangetragen worden.

So schlug ein iranisch-stämmiger Vater seine 15-jährige Stieftochter, weil diese Fehltage auf dem Zeugnis bescheinigt bekam. Ohne Strafanzeige zu erstatten

erfolgte mit Mutter, Kind und Stiefvater eine Einigung. Dem Täter wurde unter-
sagt, sich dem Teenager zu nähern; er sicherte es zu und eine Auswertung nach
einem Jahr war erfreulich: das Mädchen einerseits war nicht mehr angegriffen
worden. Zum anderen war die Mutter aus anderen Gründen im Begriff, sich von
ihrem Partner zu trennen (ein Stiefvater besitzt kein Sorgerecht, es sei denn, er hat
das Kind adoptiert. Das Erziehungsrecht kann ihm aber zeitweise von der Mutter
übertragen werden).

In einem anderen Fall entdeckte der Sportlehrer Verletzungen am Rücken einer
Schülerin. Es kam heraus, dass der vietnamesische Vater die 13-Jährige heftig
geschlagen hatte wegen eines Notendurchschnitts von 2,2 auf dem Zeugnis. Das
einbezogene Jugendamt ermahnte den Vater. Später ging das Mädchen zur Ver-
trauenslehrerin und schilderte erneute Züchtigungen. Ich wurde einbezogen und
konnte im Interesse der nun fast 15-jährigen Jugendlichen eine Unterbringung
in einer Mädchen-Wohngemeinschaft in Jugendhilfe steuern. Der Vater stimmte
nicht freiwillig zu. Die Herausnahme erfolgte trotzdem und er wurde zu den
Kosten herangezogen.

Schließlich schilderte ein älterer Freund eines 11-jährigen Deutschen, dass dessen Vater, ein Arzt, den Jungen häufig schlage. Zunächst war es sehr schwer, den
Vater zu einem Gespräch in die Schule zu holen; „keine Zeit" und „Elternrecht"
wurden vorgehalten. Aus Furcht vor mehr Öffentlichkeit und Einbeziehung des
Jugendamts kam es plötzlich zu einem Einvernehmen und der Sohn wurde in ein
geeignetes 5-Tage-Internat am Stadtrand vermittelt.

Was Sie aus diesem *essential* mitnehmen können

- Ideen zur Stärkung der Verantwortlichkeit von Schüler*innen und Lehrer*innen für ihre Schule
- Beteiligungsmethoden, mehr Partizipation als Schlüssel zur wirklich guten Schule
- Wir verweisen auf etwa 30 bekannte Ansätze zur Prävention von schulischer Gewalt
- Wir zeigen Ihnen vor allem die gut evaluierten Angebote, dazu zählen z. B. Olweus' Mehrebenen-Programm, Buddy e. V.-Programm, *fairplayer*
- Was macht Mobbing/Bullying aus? Wir stellen neun verchiedene Zugänge vor
- Programme dürfen nicht als pädagogische Häppchen serviert werden, sondern müssen Teil der *Schulentwicklungsarbeit* sein
- Schulen benötigen begleitende Hilfen, vor allem präventiv von Schulpsycholog*innen für Gewaltprävention und am Ort von der Schulsozialarbeit
- Es gibt bewährte Instrumente wie Notfallpläne zur Einteilung in leichte, mittelschwere und schwere Gewaltvorfälle vor der Meldung
- Die Einrichtung von Krisenteams ist m. E. zwingend, will man in den deutschen Schulen zukünftig das Schlimmste verhüten oder auffangen
- Soziales Lernen als Teil des Curriculums kann in allen Schulstufen mit zielführend sein
- Die Polizei – zur Aufklärung, Information und zielgerichteten Präventionsarbeit nicht nur an Brennpunktschulen – kann eine große Hilfe sein.

© Der/die Herausgeber bzw. der/die Autor(en), exklusiv lizenziert durch Springer Fachmedien Wiesbaden GmbH, ein Teil von Springer Nature 2020
M. Günther, *Gewalt an Schulen - Prävention*, essentials,
https://doi.org/10.1007/978-3-658-32579-4

Zeitschriften und andere Periodika

„FamRZ, Zeitschrift für das gesamte Familienrecht"
„Forum Kriminalprävention (f k)" 4 × jährlich; Bonn: DFK
„FPR, Familie, Partnerschaft, Recht (1995–2013) Frankfurt: Beck
„Friedrich" 1 × jährlich; Seelze: Friedrich
„Jugendhilfe" 6 × jährlich; Neuwied: WoltersKluwer
„Jugend in Deutschland" = „Shell Jugendstudie"; zuletzt Nr. 18
„Jugend 2019", Weinheim: Juventa
„KomDat" = („Kommentierte Daten der Kinder- und Jugendhilfe"); 3 × jährlich, Dortmund: Uni Dortmund
„NZFam, Neue Zeitschrift für Familienrecht" 2 × monatl.; München: Beck
„PKS, Polizeiliche Kriminalstatistik"
SPI Berlin Clearingstelle „Infoblätter"; 3 × jährlich; *downloads online:*https://www.stiftung-spi.de/geschaeftsbereiche/lebenslagen-vielfalt-stadtentwicklung/clearingstelle-infoblaetter/
„Sozial Extra, Zeitschrift für Soziale Arbeit"; Wiesbaden: Springer
„ZJJ, Zeitschrift für Jugendkriminalrecht und Jugendhilfe" 4 × jährlich, Hannover
„ZKJ, Zeitschrift für Kindschaftsrecht und Jugendhilfe" 12 × jährlich; Köln: Reguvis und Führt: BKE

M. Günther, *Gewalt an Schulen - Prävention*, essentials, https://doi.org/10.1007/978-3-658-32579-4

Literatur

AJS NRW e. V. (Hg.) (2001) *Gewalt und Gewaltprävention.* Essen: 3-W-Verlag
dito: (2006) *Mobbing unter Kindern und Jugendlichen.* Köln: 3-W-Verlag
dito: (2008) *Was hilft gegen Gewalt?* Essen: 3-W-Verlag
BAG KJS (Hg.) (2001) *Jugendarbeit und Polizei als Partner.* Düsseldorf: BAG KJS
Balci, G. Y. (2008) *Arabboy.* Frankfurt a. M.: Fischer
Bannenberg, B. (2010) *Amok.* Gütersloh: Gütersloher Verlagshaus
Böhmer, M. (Hg.) (2019) *Amok an Schulen* Wiesbaden: Springer
Böhmer, M. & Steffgen, G. (Hg.) (2020) *Mobbing an Schulen.* Wiesbaden: Springer
Bondü, R. u. Scheithauer, H. *School Shootings in Deutschland.* In: Praxis Kinderpsychol. Kinderpsychiatr. 58/2009
Buddy e. V. (2007) *Das Buddy-Prinzip.* Düsseldorf: Buddy e. V.
dito: (2010) *Das Buddy-Programm.* Düsseldorf: Buddy e. V.
Büchner, R. (2018) *Gewaltprävention und soziale Kompetenzen in der Schule.* (R. Büchner, H. Cornel & St. Fischer) Stuttgart: Kohlhammer Bündnis für Familie (Hg.) (2003) *Stark durch Erziehung – die Kampagne Erziehung.* Nürnberg: emwe
Bundeskriminalamt (Hg.) (2000) *Kriminalprävention. Sammlung ausländischer Präventionsprojekte.* Wiesbaden: BKA
Bundesverband Mediation e. V. (2001) *Materialsammlung zur Mediation an Schulen.* Mainz: Weisser Ring
Cierpka, M. (1999) *Kinder mit aggressivem Verhalten.* Göttingen: Hogrefe
Deutscher Kinderschutzbund NRW (2007) *Kindheit ist kein Kinderspiel.* Wuppertal: dksb
DFK (Hg.) (2013) *Entwicklungsförderung und Gewaltprävention für junge Menschen. Leitfaden.* Bonn: DFK
dito: (2016) *Entwicklungsförderung & Gewaltprävention.* Bonn: DFK
Dienstbühl, D.: *Clankriminalität und Prävention;* in: f k 1/2020
DJI (Hg.) (2007) *Strategien der Gewaltprävention im Kindes- und Jugendalter.* München: DJI
Egg, R. (2005) *Ächtung der Gewalt und Stärkung der Erziehungskraft von Familie und Schule,* in: f k 4/2005
Dünkel, F. & Geng, B. (2003) *Jugendgewalt und Kriminalprävention.* Godesberg: Forum Verlag

Eisenhardt, Th. (1997) *Interventionen im Kindesalter als Prävention von Verhaltensstörungen.* Siegen: Universitäts-Gesamthochschule-Verlag

ders. (2005) *Dissoziales Verhalten.* Frankfurt a. M.: Peter Lang

Ehninger, F. & Schuster, K.-D. (2000) *Streitschlichtung und Umgang mit Gewalt an Schulen.* Friedrich-Ebert-Stiftung Magdeburg

Fegert, J. M., Hoffmann, U., König, E., Niehues, J. & Liebhardt, H. (2015) *Sexueller Missbrauch von Kindern und Jugendlichen. Ein Handbuch zur Prävention und Intervention für Fachkräfte im medizinischen, psycho- therapeutischen und pädagogischen Bereich.* Wiesbaden: Springer

Erziehen – Klassen leiten. (2009) Friedrich, Jahresheft 27; Seelze: Friedrich

Fuchs, M. u. a. (2009) *Gewalt an Schulen.* Wiesbaden: Springer

Geipel, I. (2004) *Für heute reicht's. Amok in Erfurt.* Berlin: Rowohlt

Gewalt, Amok und Medien: Erkennen - Vorbeugen - Handeln. Chr. Paulus (Hg.) (2019) Kohlhammer Stuttgart

Gewalt und Mobbing an Schulen: wie sich Gewalt und Mobbing entwickelt haben, wie Lehrer intervenieren und welche Kompetenzen sie brauchen. L. Bilz u. a. (2017) (Hg.) Bad Heilbrunn: Klinkhardt

Gewaltprävention in Erziehung, Schule und Verein. Heimann, R. & Fritzsche, J. (2020) (Hg.) Wiesbaden: Springer

Gewaltprävention in der Schule (2004) (erstellt von Haller, B. u. Stögner, K.) Wien: IKF

Günther, M. *Disziplinierte Schüler durch Verhaltensmodifikation.* In: Ulich, K. (Hg.) (1980) *Wenn Schüler stören.* Nördlingen: Urban & Schwarzenberg

ders. *Alternative Konzepte für 'nichtbeschulbare' und delinquente Jugendliche in den USA.* In: Sozialpädagogik 23/1981 sowie in: Günther, M. (2018) *Hilfe! Jugendhilfe.* S. 314–325; Rheine: Heimdall

ders. (2005) *Kooperation Jugendhilfe und Polizei bei der Gewaltprävention* (Tagungsband). *Polizei, Jugendarbeit und Jugendstrafrecht.* Erlangen: DVJJ

ders. *Rolle und Wirkung des Sports in der Kinder- und Gewaltprävention* in: f k (Forum Kriminalprävention) 2/2006

ders. *Schulentwicklung. Fachpolitische Ziele und Gewaltpräventionsarbeit in Berlin.* In: f k 2/2010

ders. *Zur Situation der schulischen Krisenintervention in den Bundesländern sowie strategische Empfehlungen zur Gewaltprävention an Schulen.* In: f k 4/2010

Heitmeyer, W. u. Schöttle, M. (2006) *Gewalt.* Bonn: Bundeszentrale für politische Bildung

Hoffmann, J., Wondrak, I. (2007) *Amok und zielgerichtete Gewalt an Schulen.* Frankfurt a. M.: Verlag für Polizeiwissenschaft

Hoffmann, K. (2017) *Stopp! Kinder gehen gewaltfrei mit Konflikten um* (Hoffmann, K., von Lilienfeld-Toal, K., Metz, K. u. Kordelle-Elfner, K.). Hamburg: Persen

Jefferys-Duden, K. (1999) *Das Streitschlichterprogramm.* Weinheim: Beltz

Juen, B., Warger, R. & Nindl, S. (2014) *Akute Traumatisierungen und Krisen bei Kindern und Jugendlichen,* in: Gerngroß, J. (Hg.) *Notfallpsychologie und psychologisches Krisenmanagement.* Stuttgart: Schattauer

Jugert, G. (2011) *Fit for life. Module und Arbeitsblätter zum Training sozialer Kompetenz für Jugendliche.* Weinheim: Juventa

Fais, J., Walkowiak, J. (2015) *Keine Chance für Gewalt: Gewaltprävention in Schule und Familie.* Freiburg: Urania

Keller, A. (2015) *und raus bist du! eine Arbeitshilfe gegen Mobbing in der Grundschule.* Kronshagen: Institut für Qualitätsentwicklung an Schulen Schleswig-Holstein

Klippert, H. (2008) *Pädagogische Schulentwicklung.* Weinheim: Beltz

Kreidler, W. J. (1984) *Creative Conflict Resolution.* Glenview: Good Year Books

Kühlewind, R. (2014) *Konflikte an Förderschulen gewaltfrei lösen: einfache und differenzierte Materialien zu Gewaltprävention und Streitschlichtung, 3.-9. Klasse.* Hamburg: Persen

Langman, P. (2009) *Amok im Kopf.* Weinheim: Beltz [US-Org.: *Why Kids kill* (2009). New Yorck]

Lasogga, F. & Gasch, B. (2002) *Notfallpsychologie.* Edewecht: Stumpf + Kossendey

Lions Deutschland (Hg.) (2011) *Erwachsen werden. Programmhandbuch Sek I.* Wiesbaden: Lions

dito (2014) *Erwachsen handeln. Programmhandbuch Sek II.* Wiesbaden: Lions

Lösel, F. & Bliesener, Th. (2003) *Aggression und Delinquenz unter Jugend- lichen.* München: WoltersKluwer; Luchterhand; BKA

Lorenz, A. *Gewalt in der Familie als Schulthema.* In: FPR 1-2/2005

Lüter, A. (2018) *Gewaltprävention an Schulen: Konzepte, Befunde, Handlungs ansätze.* Berlin: Landeskommission Berlin gegen Gewalt

Melzer, W. u. Sandfuchs, U. (Hg.) (2001) *Was Schule leistet.* Weinheim: Juventa

Melzer, W., Schubarth, W. u. Ehninger, F. (2004) *Gewaltprävention und Schulentwicklung.* Bad Heilbrunn: Ehninger

Mobbing – Cybermobbing: Prävention und Intervention (2014) Hamburg: Behörde für Schule und Berufsbildung, Beratungsstelle Gewaltprävention

Naplava, T. (2007) Jugendliche Intensiv- und Mehrfachtäter. In: Handbuch Jugendkriminalität. Wiesbaden: Springer

National Forum of Urban Affairs (2000) *Social Mediation.* Paris: Mouquet

Neuhaus, J. (2018) *Handreichung für Lehrkräfte: Reduktion von feindseligen Zuschreibungen in sozialen Situationen: eine bildbasierte Übung für Schülerinnen und Schüler im Grundschulbereich.* Berlin: Landes- kommission Berlin gegen Gewalt

Niproschke, S. u. a. (2017) *Kompetent intervenieren:* in: f k 2/2017 Bonn: DFK

Notfallpläne für Berliner Schulen (2011 ff) UKB Berlin/SenBWF Berlin: Loseblattordner.

Oechler, A. (2017) *Gewaltprävention an Schulen aus der Sicht polizeilicher Präventionsfachkräfte: eine qualitative Studie.* Münster: Deutsche Hochschule der Polizei Hochschulverlag

Olweus, D. (1995) *Gewalt in der Schule.* Bern: Huber

Omer, H. & von Schlippe, A. (2008) *Autorität ohne Gewalt.* Göttingen: Vandenbruck & Ruprecht

Petermann, F. Niebank & K. Scheithauer, H. (2004) *Entwicklungswissenschaft.* Berlin Heidelberg: Springer

Pikas, A. (2002) *New Developments of the Shared Concern Method,* in: School Psychology International 23, Seiten 307–326

Portmann, R. (2007) *Brutal Daneben.* Wiesbaden: Universum

Robertz, F. J. u. Lorenz, A. (2009) *Amokdrohungen und zielgerichtete Gewalt an Schulen.* UKB Berlin (Hg.): Berlin

Robertz, F. J. & Wickenhäuser, R. Ph. (2007) *Der Riss in der Tafel.* Wiesbaden: Springer

Rosenberg, M. B. (2009) *Gewaltfreie Kommunikation.* Paderborn: Junfermann

Saad, F. (2008) *Der große Bruder von Neukölln*. Freiburg: Herder

Salmivalli, Ch. *Erfahrungsbasierte Prävention an finnischen Schulen: KiVa- Antimobbing-Programm*. In: f k 4/01

Schäfer, Chr. D. (2012) *Konflikte und Konfliktbearbeitung*. Saarbrücken: Südwestdeutscher Verlag

Scheithauer, H. (2012) *Gelingensbedingungen für die Prävention von interpersonaler Gewalt im Kinder- und Jugendalter*. Bonn: DFK

Schepker, R. *Nicht wegschauen, sondern handeln*. In: Deutsches Ärzteblatt 5, Mai 2008, S. 211–213

Scholl, J. u. a. *Das Projekt NETWASS*. In: f k 1/2013, S. 8–14

Schröder, A. (2014) *Leitfaden Konfliktbewältigung und Gewaltprävention: pädagogische Konzepte für Schule und Jugendhilfe* (mit Merkle, A.). Schwalbach: Debus

Schubarth, W. (2019) *Gewalt und Mobbing an Schulen: Möglichkeiten der Prävention und Intervention*. Stuttgart: Kohlhammer

Schutzfaktoren bei Kindern und Jugendlichen. (Hg: BzgA) (2009) Forschung Bd. 35. Köln: BZgA

Spieß, A., Pötter, N. (2011) *Soziale Arbeit an Schulen*. Wiesbaden: Springer

Taglieber, W. (2008) *Anti-Mobbing-Fibel*. Ludwigsfelde: LISUM Berlin- Brandenburg

Thiersch, H. (2014) *Lebensweltorientierte Soziale Arbeit*. Weinheim: Juventa

Toprak, A. (2006) *Jungen und Gewalt*. Herbolzheim: Centaurus

Uslucan, H.-H. (2014) *Stereotype, Viktimisierung und Selbstviktimisierung von Muslimen: Wie akkurat sind unsere Bilder über muslimische Migranten?* Wiesbaden: Springer

Weidner, J., Colla, H. E. u. a. (Hg.) (2008) *Konfrontative Pädagogik*. Mönchengladbach: Forum

Weißmann, I. E. (2017) *Jugendgewalt – Konsequenzen für die Prävention an Schulen; Gewalt ist männlich – Gemeinheit weiblich?* Giessen: VVB Laufersweiler Verlag

Weblinks

* 8ung in der Schule: *Unterrichtsmaterial zur Gewaltprävention*; C. Winter, N. Mahle (2020) (Hrsg.) Institut für Arbeit und Gesundheit der Deutschen Gesetzlichen Unfallversicherung (IAG) Leipzig; *online:*www.achtung-in-der-schule.de

* Bayrischer Rundfunk Wissen: *Vom Außenseiter zum Amokläufer* (BR Wissen spezial am 17.07.2017); *online:*https://www.br.de/wissen/amok-amoklauf-amoklaeufer-psyche 100.html

* Braunert, S., & Günther, M.: (2005). *Erhebung zur Situation der Erziehungs- und Familienberatungsstellen. Rahmenbedingungen, Prävention, Kooperation*, Bonn; *online:*www. kriminalpraevention.de/dfk-publikationen.html.

* de.wikipedia: ** *Liste von Projekten und Programmen Gewaltprävention/Soziales Lernen;* erstellt von M. Günther am 6. Juni 2013, *online:*https://de.wikipedia.org/wiki/ Liste_von_Projekten_und_Programmen_Gewaltpr%C3%A4vention/Soziales_Lernen

** *Liste von Amokläufen an Bildungseinrichtungen* (Stand 16.10.2020); *online:*https://de. wikipedia.org/wiki/Liste_von_Amokl%C3%A4ufen_an_Bildungseinrichtungen

** *Glen Mills Schools;* erstellt von M. Günther am 9. November 2011; *online:*https://de. wikipedia.org/wiki/Glen_Mills_Schools

* en.wikipedia: *Bullying; online:*https://en.wikipedia.org/wiki/Bullying (Stand 16.10.2020)
* Die Welt: *Angst vor möglichem Amoklauf* (12.05.2010); *online:*https://www.welt.de/welt_print/regionales/article7591723/Angst-vor-moeglichem-Amoklauf.html
* *Förderung von Vernetzung und Kooperation insbesondere durch Aus-, Fort- und Weiterbildung am Beispiel von Polizei und Jugendsozialarbeit in der Gewaltprävention;* Bericht des DFK-Arbeitskeises; *pdf.online*https://www.kriminalpraevention.de/files/DFK/dfk-publikationen/2004_aus_und_fortbildung.pdf
* *Grüne Liste Prävention* CTC/LPR listet online zahlreiche deutsche Präventionsprogramme https://www.gruene-liste-praevention.de/nano.cms/datenbank/programm/15
* Günther, M.: *Gewalt an Schulen. Empfehlungen der Ministerpräsidentenkonferenz,* in: Sen BWF Berlin (Hrsg.): Bildung für Berlin. Gewaltprävention im Miteinander; Berlin 2007; *download.pdf online:*www.berlin.de/sen/bwf/bildung/hilfeundpraevention/gewalt paevention/handlungsempfehlungen
* *Jugendliche in Deutschland als Opfer und Täter von Gewalt.* Forschungsbericht (Baier, D., Pfeiffer, Chr., Simonson, J. u. Rabold, S.) *pdf.download online:*https://kfn.de/wp-content/uploads/Forschungsberichte/FB_107.pdf Hannover: KFN
* Landtag von Baden-Württemberg, *Bericht und Empfehlungen des Sonderausschusses „Konsequenzen aus dem Amoklauf in Winnenden und Wendlingen: Jugendgefährdung und Jugendgewalt".* Drucksache 14/6000, *pdf.online:* https://web.archive.org/web/201 41031184414/http://www.landtag-bw.de/WP14/Drucksachen/6000/14_6000_d.pdf
* LKA MecPom *Gewaltprävention im Grundschulunterricht; pdf.online:*https://www.bil dung-mv.de/export/sites/bildungsserver/downloads/publikationen/unterrichtsmaterial/ Unterrichtsbausteine_zur_Gewalt-_und_Kriminalpraevention_in_der_Grundschule.pdf
* *Prävention häuslicher Gewalt in Kooperation mit und in Schulen; Dokumentation des Fachtages von SFBB und BIG (2015); download.pdf online:*https://www.big-berlin.info/ sites/default/files/medien/535_1509_Fachtag-Praevention.pdf
* *Schulische Prävention* webseite des Kinderschutzportals mit vielen Präventionsbeispielen zur sexualisierten Gewalt. *online:*http://www.schulische-praevention.de/
* Senat BildungJF, Landeskommission gegen Gewalt Berlin, LISUM (Hg.): *Orientierungs- und Handlungsrahmen für das übergreifende Thema Gewaltprävention;* download.pdf online: file://A:/TEMP/ohr-gewaltpraevention-1.pdf (Berlin, ohne Jahr, wohl 2018/2019)
* *Statistik Gewaltbedingte Unfälle in der Schüler-Unfallversicherung 2014 DGUV (Hg.) download.pdf online:*https://publikationen.dguv.de/widgets/pdf/download/article/3183
* Uhlmann, M. u. Wolf, D. *Evaluation in der Präventionspraxis.* bpb 17.9.2018 *online:*https://www.bpb.de/politik/extremismus/radikalisierungspraevention/276121/eva luation-in-der-praeventionspraxis
* *Zum Stand der Jugenddelinquenz in Deutschland* (September 2019) *pdf.download online:*https://www.dvjj.de/wp-content/uploads/2019/09/Zum-Stand-der-Jugenddel inquenz-in-Deutschland-eine-Auswertung-der-Polizeilichen-Kriminalstatistik.pdf Hannover: DVJJ
Pfeiffer, Chr. (2019) Gegen die Gewalt. München: Kösel

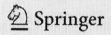

}essentials{

Manfred Günther

Kinder- und Jugendhilferecht

Ein Überblick für Pädagogen,
Psychologen, Kinderärzte und
Politiker

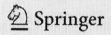 Springer

Printed in the United States
By Bookmasters